CRICED CYFFROUS

Rhagair gan
Y CRICEDWR RHYNGWLADOL
SIMON JONES MBE

Robin Bennett

Mae Robin yn awdur ac yn *entrepreneur* sydd wedi ysgrifennu sawl llyfr i blant.

Roedd Robin eisiau bod yn swyddog cafalri ar ôl tyfu i fyny, tan i bawb arall sylweddoli y byddai gadael iddo yrru tanc yn syniad drwg iawn. Yna cafodd swydd fel torrwr beddau cynorthwyol yn Llundain. Ar ôl hynny, ei yrfa i bob pwrpas oedd dechrau gwahanol fusnesau fel lladd nadroedd (popeth o warchod cŵn i wneud brechdanau, o addysgu i gyfieithu) … tan iddo, o'r diwedd, eistedd i lawr i ysgrifennu straeon annhebygol i geisio stopio'i blant rhag niweidio'i gilydd ar deithiau hir yn y car.

Mae Robin yn chwarae'r rhan fwyaf o gampau. Yn wael.

Matt Cherry

Cafodd Matt ei fagu ar arfordir Caint, yn ysgrifennu a thynnu lluniau, ac mae'n dal i fyw yno heddiw gyda'i wraig a'u dau o blant. Mae'n dal i garu ysgrifennu a thynnu lluniau bob dydd, felly dyw e heb newid rhyw lawer, a dweud y gwir. Ond mae e'n llawer talach.

CAMPAU CAMPUS

CRICED CYFFROUS

Rhagair gan
Y CRICEDWR RHYNGWLADOL
SIMON JONES MBE

ROBIN BENNETT
LLUNIAU GAN
MATT CHERRY
ADDASIAD STEFFAN RHYS WILLIAMS

Firefly

Cyhoeddwyd gyntaf yn Gymraeg yn 2024 gan Firefly Press
25 Heol Gabalfa, Ystum Taf,
Caerdydd CF14 2JJ
www.fireflypress.co.uk

Addasiad Cymraeg gan Steffan Rhys Williams

Cyhoeddwyd yn wreiddiol yn Saesneg yn 2023 dan y teitl
Stupendous Sports: Cracking Cricket gan Firefly Press

Mae cofnod catalog CIP o'r llyfr hwn
ar gael yn y Llyfrgell Brydeinig.

ISBN 978-1-915444-65-3

*Cyhoeddwyd gyda chymorth ariannol
Cyngor Llyfrau Cymru.*

Dyluniwyd gan: Tanwen Haf
Argraffwyd gan: 4edge Ltd

RHAGAIR

Hoffwn ddechrau drwy ddweud pa mor wych yw criced. Mae wedi rhoi profiadau bywyd i fi, a ffrindiau ac atgofion y byddaf yn eu trysori am weddill fy oes.

Dechreuodd fy nghariad at y gêm yn yr un lle â'r rhan fwyaf o blant – yng ngardd gefn fy rhieni. Dw i'n cofio chwarae o fore gwyn tan nos gyda fy nau frawd a'n gemau prawf dychmygol: pob un ohonom ni'n esgus bod yn un o arwyr y gêm. Alan Donald o'n i bob tro, yn rhedeg fel y gwynt o waelod yr ardd, trwy'r gwelyau blodau gan fowlio fel bwled at ba bynnag frawd oedd yn batio. Dyna'r dyddiau gorau. Gorffennais fy ngyrfa ar ôl chwarae'n broffesiynol am ddeunaw mlynedd, gan gynrychioli tair sir a chael bod yn rhan o dîm Lloegr a enillodd Gyfres y Lludw yn 2005.

Mae criced yn gêm sy'n gallu cael ei chwarae gan unrhyw un; mae'n gêm sy'n meithrin meddwl beirniadol, sgiliau canolbwyntio, disgyblaeth a dewrder.

Mae'r rhain i gyd yn werthoedd a all gael eu trosglwyddo i weddill eich bywyd, felly pan dw i'n gweld dynion, menywod a phlant i gyd yn chwarae a joio criced, mae'n dod â gwên fawr i 'ngwyneb i!

Ro'n i wrth fy modd pan ddaeth y cynnig i fi ysgrifennu rhagair byr i'r llyfr yma. Mae hyrwyddo criced mewn ffordd gadarnhaol, hwyl ac addysgiadol yn eithriadol o bwysig i ddatblygiad y gêm ac i genedlaethau o ferched a bechgyn, heddiw a fory. Ac mae hyn yn rhywbeth y byddaf yn ei gefnogi gyda'm holl frwdfrydedd ac egni.

Simon

SIMON JONES MBE,
MORGANNWG,
SWYDD GAERWRANGON,
HAMPSHIRE A LLOEGR

CYNNWYS

MAE'R LLYFR HWN YN EIDDO I

PENNOD 1: HANES Y GÊM

Beth yw criced, pwy ddyfeisiodd y gêm a beth sydd gan robotiaid milain i'w wneud â'r stori?

Criced yw'r gêm fwyaf dryslyd sydd erioed wedi cael ei dyfeisio, siŵr o fod.

Darllenwch yr hen grynodeb 'ma o'r rheolau ar gyfer gêm y dynion, os nad ydych chi'n fy nghredu i:

Mae 'da chi ddau dîm: un mas yn y maes a'r llall mewn. Mae pob un sydd yn y tîm sy' mewn yn cael ei redeg mas, a phan mae e mas mae e'n dod mewn ac mae'r dyn nesaf mewn tan ei fod e mas. Pan maen nhw i gyd mas, mae'r tîm sy' mas yn dod mewn, a'r tîm sydd wedi bod mewn yn mynd mas ac yn ceisio cael y rhai sy'n dod mewn, mas.

Chi'n gweld?

I wneud pethau'n waeth, mae rhai'n honni bod criced yn fwy na champ syml. Byddan nhw'n dweud wrthych (mewn llais difrifol iawn) mai 'ffordd o fyw yw criced', neu 'YSTYR BYWYD', hyd yn oed.

Felly, mae naill ai'n gêm *mewn pan chi mas, mas pan chi mewn* wallgof, neu'n rhyw fath o grefydd ecsentrig lle mae pawb yn chwarae tu allan ac yn mwynhau te braf ar y diwedd.

Dyw pobl ddim hyd yn oed yn gallu cytuno pryd ddechreuodd y cyfan. Dyma'r pum damcaniaeth fwyaf cyffredin:

- Cafodd ei ddyfeisio gan bobl oedd yn twyllo wrth chwarae bowls.
- Roedd yn cael ei chwarae gan blant yn ne Lloegr yn yr Oesoedd Canol. (Y Weald, a bod yn fanwl gywir, sydd yng Nghaint. Sut maen nhw'n gwybod hynny? Pam y Weald? Does neb i'w weld yn gallu ateb.)
- Roedd yn cael ei chwarae gan bobl yn Fflandrys, neu'r drws nesaf yn Ffrainc – ac nid jyst unrhyw hen bobl chwaith: roedd y Brenin Edward II yn un ohonyn nhw, yn ôl y sôn.
- Estroniaid ddaeth â chriced yma – **Robo-estroniaid Milain**, a bod yn fanwl gywir.
- Cafodd ei ddyfeisio gan fugeiliaid a oedd wedi diflasu yn Lloegr, rywbryd rhwng tua 1300 a 1600.

Dw i'n mynd gyda'r awgrym olaf – y bugeiliaid 'na – achos mae defaid yn gallu bod yn ddoniol iawn ac, fel mae unrhyw un sy'n gofalu amdanyn nhw'n gwybod, heblaw pan maen nhw'n mynd yn sownd ar glogwyni serth, mae defaid yn greaduriaid digon syml. Maen nhw'n gofalu amdanyn nhw eu hunain o fore gwyn tan nos, gan gynnwys yr holl fwyta ac ysgarthu yn y canol.

Mae hyn yn golygu bod gan fugeiliaid lot o amser hamdden i ddyfeisio camp unigryw, ac mae hynny ynddo'i hun yn reit ddoniol.

Ond mae rhoi'r clod i'r bugeiliaid yn gwneud synnwyr hefyd. Roedd peli criced cynnar yn aml wedi'u gwneud o wlân matiog neu wlân defaid wedi'i lapio mewn lledr; mae bugail yn cario ffon ac mae cricedwyr modern yn sefyll o flaen wicedi (sydd fel math o gât y mae bugeiliaid yn ei defnyddio pan maen nhw'n symud defaid o le i le). Wrth i'r bêl gael ei thaflu at y batiwr, mae'n hawdd dychmygu rhywun yn gweiddi, 'Rho dy ffon drwyddi!'

Felly, mae'r wobr gyntaf am ddyfeisio criced yn mynd i'r bugeiliaid a ddiflasodd ar eu defaid dwl.

Ta beth, ar ôl tua'r unfed ganrif ar bymtheg, mae hanes criced yn dod yn gliriach o lawer oherwydd dechreuodd pobl ysgrifennu am griced, neu 'Creckett'. Mewn achos llys ym 1550, dywedwyd ei fod yn cael ei chwarae mewn ysgol – y cyfeiriad ysgrifenedig cyntaf at y gêm, mae'n debyg. Mae llawer yn credu i'r gêm fodoli am y ddwy ganrif nesaf yn cael ei chwarae gan blant yn bennaf (hwrê!), tan i'r oedolion benderfynu eu bod nhw eisiau bod yn rhan o'r hwyl hefyd, a'i chipio 'nôl (bŵ!).

Erbyn 1700, hon oedd y gamp fwyaf poblogaidd yn Llundain ymysg dynion a merched ... a dechreuodd ledaenu ymhellach.

Yn wir, ar ôl goresgyn Llundain a de Lloegr, roedd awydd antur ar griced. Anwybyddodd ogledd Lloegr am y tro a mentro'i lwc yn America a'r Dwyrain Canol. Ysgrifennwyd am gêm yn Aleppo yn Syria ym 1676! A chwaraewyd y gêm ryngwladol gyntaf rhwng yr Unol Daleithiau a Chanada yn Efrog Newydd ym 1844.

Er gwaethaf hyn, ni fu'n llwyddiannus yng Nghanada, falle gan fod y wlad o'r golwg dan flanced drwchus o iâ, ac mae 'na ddigonedd o goed y gallai eirth fod yn cuddio y tu ôl iddyn nhw.

Tua'r adeg hon (y 1800au), roedd y bat yn newid yn gyflym o fod yn rhywbeth a edrychai ychydig fel ffon hoci (neu ffon fugail – sori am rygnu 'mlaen am y peth) i rywbeth y gallen ni ei adnabod heddiw fel bat gonest, da sy'n gwybod ei le. Roedd hyn yn bennaf gan fod chwaraewyr wedi rhoi'r gorau i rolio'r bêl yn ysgafn ar hyd y llawr a bellach yn ceisio bwrw'r wicedi drosodd (neu fwrw pen y batiwr i ffwrdd) drwy fowlio'r bêl dros yr ysgwydd. Gwnaeth rhyw ddigrifwr ddyfeisio bat a oedd yr un mor llydan â'r wiced, tan i bawb arall roi stop ar y fath ffwlbri a phenderfynu na allai'r bat fod yn fwy llydan na 4 modfedd (10.16 cm).

Gan ein bod ni'n sôn am reolau, does 'na neb yn gallu cofio pwy feddyliodd am y rheolau sylfaenol, ond cafodd cod arferion ei greu gan Ddug Richmond, a rhywun o'r enw Alan Brodick ym 1728.

Roedd cael rheolau'n handi iawn, mae'n siŵr (ac yn rhywbeth arferol i ddug a'i fêts ei wneud), ond pasiodd tua 40 mlynedd arall cyn i'r rheolau ddod yn rheolau go iawn yr oedd y rhan fwyaf o bobl yn cadw atyn nhw.

Mae hyn, siŵr o fod, yn esbonio pam fod gan griced, hyd heddiw, reolau go iawn a rheolau sy'n fwy o awgrym – rhyw fath o reolau *mae'n well 'da ni'r ffordd yna ac fe fyddwn ni'n siomedig os dewiswch chi ffordd arall, ond does dim lot allwn ni ei wneud am y peth.*

Mae hyn i gyd yn golygu bod criced yn enwog am ei chwarae teg (y ffordd iawn o chwarae) llawn cymaint â'i gyfreithiau sefydlog (h.y. 'Cyfreithiau Criced') ac yn sicr, dyma pam fod llawer o bobl ar y ddaear o'r farn bod criced yn well ac yn fwy bonheddig na champau eraill.

Ac yn wir, erbyn heddiw dyma'r ail gamp fwyaf poblogaidd ar ôl pêl-droed ac mae wedi dod yn boblogaidd ym mhedwar ban byd. Mae'n cael ei mwynhau gan fwy na 2.5 biliwn o ffans mewn 180 o wledydd.

India a Phacistan yw'r gelynion pennaf mewn criced rhyngwladol, yn ôl llawer. Ac mae'r elyniaeth yn dda i'r cwmnïau teledu hefyd, oherwydd mae'n gwneud pethau'n fwy diddorol. Mae tua 300 miliwn o bobl yn gwylio gornestau cyffrous rhwng y gwledydd hyn. Anhygoel!

DYFYNIADAU DIFYR

'Dw i'n bowlio mor araf, os nad ydw i'n hoffi pelen, galla i redeg ar ei hôl hi a dod â hi 'nôl.'

– J. M. Barrie (crëwr *Peter Pan*, ac awdur gwych ond cricedwr gwael iawn, yn ôl pob golwg)

DYFYNIADAU DIFYR

'Mae gen i obsesiwn â chriced.'

– Daniel Radcliffe (dewin rhan-amser, carwr criced llawn-amser)

FFAITH FFANTASTIG

Mae gan Gymru ei thimau rygbi a phêl-droed ei hun, ond mae'n chwarae criced gyda Lloegr o dan reolaeth Bwrdd Criced Cymru a Lloegr (yr ECB). Dyma pam y gwelwch chi Saeson yn ogystal â Chymry yn nhîm Prawf 'Lloegr'. Maes yr Arfau Caerdydd (sy'n gae rygbi enwog) oedd prif gae criced Cymru yn wreiddiol. Gerddi Sophia sydd â'r anrhydedd hwnnw erbyn hyn, sydd hefyd yn un o gartrefi amrywiol unig dîm criced dosbarth cyntaf Cymru, sef Morgannwg. Tîm sydd ddim i'w ddrysu â thîm y mân siroedd, Cymru. Mor glir â diwrnod niwlog ym Mannau Brycheiniog ...

DYFYNIADAU DIFYR

Mae Russell Crowe, yr actor enwog o Seland Newydd sydd wedi ennill sawl Oscar ac sy'n gefnder i gyn-gapteiniaid y Ciwis, Martin a Jeff Crowe, yn ffan enfawr o'r gêm. Dywedodd wrth ohebydd criced y BBC, Jonathan Agnew, wrth wylio Awstralia yn curo Lloegr yn 2009 ei fod wedi bod

'yn breuddwydio ers 30 o flynyddoedd'

am gael ymweld â chartref criced – Lord's.

Dyddiadau Diddorol

- **1550** Criced yn cael ei grybwyll am y tro cyntaf.
- **1745** Y gêm gyntaf sydd ar gofnod rhwng merched.
- **1751** Y gêm gyntaf yn cael ei chwarae yn India (Clwb Criced Calcutta).
- **1772** Criced dosbarth cyntaf yn dechrau, yn Broadhalfpenny Down, Lloegr, ar 24 a 25 Mehefin.
- **1787** Ffurfio Clwb Criced Marylebone neu'r MCC, yn Lord's – y maes criced enwocaf yn y byd o bosib, a chartref criced i lawer.
- **1859** Y gêm gyntaf rhwng Cymru a Lloegr, pan chwaraeodd XI Lloegr yn erbyn XXII De Cymru. De Cymru ddaeth i'r brig.
- **1877** Gêm gyntaf Cyfres y Lludw, i nodi'r tro cyntaf i Loegr golli i Awstralia ar lwyfan y byd (ym 1882). Mae tlws y Lludw yn wrn pitw sy'n cynnwys lludw catiau Lloegr, a gafodd eu llosgi.
- **1900** Cyflwyno pelawdau chwe phêl (sy'n reit bwysig – darllenwch yr Atodiad: 'Pelawdau').
- **1973** Cynnal Cwpan y Byd am y tro cyntaf, a enillwyd gan y tîm cartref – tîm criced merched Lloegr yn erbyn Awstralia. Dechreuodd Cwpan Byd y dynion ddwy flynedd yn ddiweddarach.
- **2002** Gêm gyntaf merched Cymru (sydd ar gofnod). Chwaraeon nhw yn erbyn yr Alban, gan ennill o 7 wiced.

GOLAU AR Y GORAU

W. G. GRACE

Ni fyddai'r un bennod agoriadol am griced, y gêm ryfedd a rhyfeddol 'ma, yn gyflawn heb sôn am dad y gêm fodern, Mr W. G. Grace.

Yn gyntaf, os ydych chi am gael eich ystyried yn gawr mewn unrhyw gamp, nid dim ond criced, mae'n sicr yn helpu os ydych chi wir yn gawr, a bod gennych farf sy'n edrych fel bod dyfrgi'n sownd wrth eich gên. Yn ffodus iddo ef, roedd William Gilbert Grace yn enfawr, ac roedd ganddo farf go fawr hefyd.

Ond roedd hefyd yn gricedwr anhygoel o ddawnus a wnaeth, ar ei ben ei hun, bron – gyda'i ddawn a'i chwarae teg chwedlonol – lwyddo i greu'r gêm rydym yn ei hadnabod heddiw.

O, a hefyd, roedd yn feddyg.

Ond dyw hynny ddim yma nac acw.

DYFYNIADAU DIFYR

‘Fe ddaethon nhw i ’ngweld i’n batio, nid chi’n bowlio.’

– W. G. Grace, yn rhoi’r gat yn ôl ar ei stympiau ar ôl cael ei fowlio â’r belen gyntaf.

Roedd W. G. Grace yn dod o deulu o gricedwyr a oedd yn caru ennill gêm cymaint â'i chwarae. Fel crwt ifanc, disgleiriodd mewn campau eraill hefyd: fel neidiwr clwydi yn y Gemau Olympaidd Cenedlaethol ym 1866, ac fel pêl-droediwr i'r Wanderers, tîm o Lundain. Erbyn y cyfnod hwn, roedd eisoes wedi dechrau chwarae criced dosbarth cyntaf, ar adeg pan oedd y gêm yn newid yn gyflym.

Ac ni chafodd neb arall gymaint o ddylanwad ar y newid hwn â W. G. Grace oherwydd, fel mae'n digwydd, roedd yn gallu batio, roedd yn gallu bowlio, roedd yn gallu maesu, ac roedd e'n dactegydd gwych hefyd. Oherwydd hyn, bu'n gapten ar y rhan fwyaf o'r timau y chwaraeodd iddyn nhw. Roedd chwaraewyr eraill yn dweud ei fod yn taro'r bêl yn galetach ac yn sythach na neb. Ac er iddo barhau i fowlio'n elinog (hanner ffordd rhwng bowlio dan yr ysgwydd a thros yr ysgwydd yw'r ffordd o orau o ddisgrifio hyn), pan oedd eraill eisoes yn bowlio dros yr ysgwydd, roedd yn dal i lwyddo i gyrraedd cyflymder canolig-cyflym gyda'i fowlio, gyda chywirdeb anhygoel. Fel maeswr, gallai daflu'r bêl fel bwled. Un tro, recordiodd dafliad o 112 metr (fel arfer, gall oedolyn daflu pêl 35 metr o bellter, sy'n reit bathetig o'i gymharu, on'd yw e?) Esboniai hyn drwy ddweud ei fod yn arfer taflu cerrig at frain yn ystod ei blentyndod yng nghefn gwlad.

Ym 1873, fe oedd y chwaraewr cyntaf erioed i sgorio mil o rediadau dosbarth cyntaf mewn tymor a chael 100 o wicedi. Roedd pawb wedi eu syfrdanu. Yna aeth ati i wneud yr un peth bob blwyddyn hyd at 1886.

A dyna ni.

Yn fuan iawn wedi hynny, daeth Grace yn seren, a heidiai pobl i'w weld yn chwarae, hyd yn oed yn Awstralia. Er y gallai fod yn gystadleuydd ffyrnig ac yn chwaraewr dadleugar – dros arian cymaint â'r rheolau – oddi ar y maes chwarae roedd ganddo enw da am fod yn garedig. Fel meddyg, prin iawn y codai dâl ar y bobl dlawd, a gwnaeth y Rhyfel Mawr beri gofid mawr iddo o safbwynt dyngarol. Mae pob cricedwr gwych (neu athletwr, a dweud y gwir) yn gwybod pryd i fod yn dosturiol a phryd i fod yn llym. Pan fu farw ym 1915, bu miliynau'n galaru amdano.

PENNOD 2: CHWYDDWYDR AR Y CHWARAEWYR

Beth am chwarae … Trympiau'r Stympiau!

Mae 'na 11 chwaraewr mewn unrhyw dîm criced sy'n chwarae gêm safonol yn erbyn tîm arall. Mae angen i bob chwaraewr allu batio'n weddol, bowlio o bosib, a maesu yn sicr. Ond mae pryd a pha mor aml maen nhw'n gwneud hyn yn dibynnu ar ba mor dda ydyn nhw … a thactegau'r tîm.

Felly, bydd gan unrhyw dîm fowlwyr arbenigol (sy'n batio cyn lleied â phosib, diolch yn fawr), batwyr bendigedig (sydd heb obaith caneri o allu bowlio'n syth), o leiaf un neu ddau chwaraewr sy'n gallu dal pêl yn well na morlo mewn sw, a bron bob amser un Sioni Pob Dim sy'n gallu gwneud bach o bopeth, sy'n cael ei ddewis gyntaf bob tro ac sydd â gwallt cŵl iawn hefyd, siŵr o fod.

BATWYR
Y BATIWR AGORIADOL

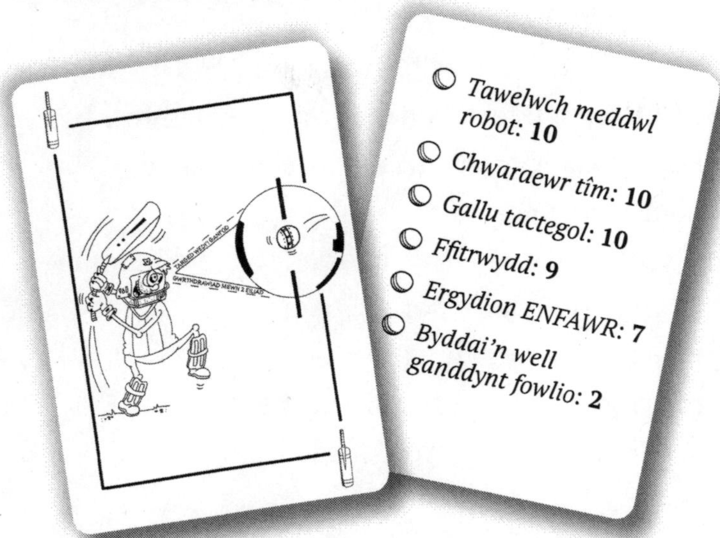

Mae bod yn fatiwr agoriadol fel bod y plentyn hynaf yn y teulu: does neb yn disgwyl gormod gennych chi, achos chi ddaeth gyntaf, felly does ganddyn nhw ddim unrhyw farn gref eto, ond mae ganddyn nhw obeithion eitha uchel o hyd. Allwch chi ddim gwneud dim o'i le; a dweud y gwir, dim eich bai chi yw'r golled, ond eto, dydych chi ddim yn debygol o wneud unrhyw beth yn hollol gywir chwaith yn ôl lot o bobl sy'n meddwl eu bod nhw'n arbenigwyr. Felly wrth i'r ddau ohonoch chi gerdded mas i'r maes, bydd 'na bobl yn sibrwd, 'Paid â chael dy redeg allan, er mwyn Duw', a bydd pobl eraill am eich gweld chi mas cyn gynted â phosib fel y gallan nhw roi cynnig ar fatio. Ond ar yr un pryd, allwch chi ddim jyst sefyll 'na yn procio eich bat at ambell bêl tan iddi ddechrau nosi.

Mae pobl am weld rhediadau! Ond peidiwch â rhuthro, neu fe allech chi fod allan, a dyw'r batiwr nesaf heb orffen ei gacen ... ac mae ei de dal yn rhy boeth i'w yfed.

Mae angen i fatiwr agoriadol llwyddiannus wrando (neu led-wrando, o leiaf) ar ei gapten, ond mae angen iddo hefyd deimlo rhythm y gêm – a'r cyflymder sgorio sydd ei angen.

Hwn yw Jedi y byd criced.

BRIG Y RHESTR FATIO

- *Perfformio dan bwysau (pan mae popeth yn mynd o chwith a phawb yn dibynnu arnoch chi):* **10**
- *Dal ati i berfformio dan bwysau (pan mae popeth yn mynd o chwith a phawb yn rhoi'r bai arnoch chi):* **10**
- *Bwrw'r ffin fel chwaraewr pêl-fas proffesiynol:* **10**
- *Amrywio pethau:* **9**
- *Ffitrwydd:* **9**
- *Ddim eisiau brolio:* **3**

Rydych chi'n gwybod mai chi yw un o'r ddau neu dri batiwr gorau sydd yn y tîm, man a man i ni ddatgan hynny yn blwmp ac yn blaen, a dyma pam eich bod chi yn y tîm, mae hynny bron yn sicr. Mae hyn yn grêt, ond mae pobl hefyd yn disgwyl lot gennych chi. Mae eich teimladau wrth i chi gerdded allan i'r maes yn dibynnu ar berfformiad y batwyr agoriadol. Os ydyn nhw wedi sgorio llwyth o rediadau, mae'n siŵr y byddwch chi'n gobeithio ychwanegu llwyth arall yn reit gyflym (ac yn poeni falle na wnewch chi). Os cafodd y ddau eu rhedeg allan gyda'r belen gyntaf, yna bydd pawb yn troi atoch chi i droi'r gêm ar ei phen. Mae'n rhaid i chi allu sgorio'n gyflym, ond mae angen bron cymaint o amynedd arnoch â batiwr agoriadol. Yn y pen draw, chi yw cyfle gorau'r tîm i ennill y gêm.

A yw hynny'n codi ofn arnoch chi? Falle ... ond eto falle ddim oherwydd, fel dwedes i, chi'n gwybod bo' chi'n dda.

DYFYNIADAU DIFYR

'Dw i'n nerfus iawn cyn unrhyw beth. Mae pobl sy'n dweud bo' nhw ddim yn nerfus yn dweud celwydd golau. Mae nerfau'n eich tanio chi, oherwydd mae cymaint yn y fantol ar y lefel uchaf.'

– Ben Stokes

CANOL Y RHESTR FATIO

Mae pawb eisiau bod yn ffrindiau gyda batiwr canol y rhestr oherwydd, i bob pwrpas, batiwr agoriadol ydych chi, sydd ddim yn cymryd ei hun ormod o ddifri. Rydych chi'n amau y gallech chi fatio'n well – neu o leiaf gystal – â'r batwyr ar frig y rhestr (ond dydych chi ddim am fynd i'r fath drafferth, wrth gwrs) ond rydych chi'n rhy brysur o lawer yn achub y dydd drwy gamu i'r maes a tharo'r ffin dro ar ôl tro, neu wenu'n drist i chi'ch hun ar ôl cael eich bowlio â'r belen gyntaf a chodi'ch ysgwyddau fel bod dim lot o ots 'da chi. Ond dyw hynny ddim yn wir, rydych chi'n poeni'n arw, ac rydych chi'n gwybod mai chi yw rheng olaf yr amddiffyn, y batiwr olaf sydd â chyfle go dda o newid cwrs y chwarae. Fe allech chi wedi bod yn arwr. Ac rydych chi yn arwr, yn ddigon aml i wneud hon yn rôl wych yn y tîm.

GWAELOD Y RHESTR FATIO

Dychmygwch mai cyngerdd yw'r batiad 'ma – chi fyddai'r boi sy'n dod 'mlaen reit ar y diwedd i chwarae'r anthem genedlaethol ar y triongl, wrth i bawb arall wisgo'u cotiau yn barod i adael. Bowliwr ydych chi, er mwyn y nefoedd, a nawr mae 'na fowliwr arall yn ceisio bwrw'ch pen chi bant er mwyn iddo allu gorffen y gêm a mwynhau cawod boeth.

Eich gobaith gorau chi yw bod 'na fatiwr da iawn yn y cris arall. Eich jobyn chi felly yw ceisio aros i mewn fel y gall hwnnw sgorio ambell rediad arall. Ond mae'r rhan fwyaf o bobl yn meddwl bod hynny'n annhebygol o ddigwydd: chi yw un o'r batwyr olaf, mae popeth bron drosodd ...

... on'd ydy?

Mae 'na ddigon o fatwyr olaf wedi sgorio'n fawr ers i griced gael ei ddyfeisio, digon o droeon trawiadol, diolch i'r 'batwyr anobeithiol' hyn, felly mae 'na bob amser obaith, golau egwan ym mhen draw'r twnnel, un pelydryn o haul ar fryn tywyll ein hamser te tragwyddol.

A heddiw yw'r diwrnod hwnnw.

O'r diwedd, rydych chi'n cael teimlo'r wefr o fod yn fatiwr go iawn am un foment fer, ond rhyfeddol, o orfoledd.

Wrth i chi sgorio'r rhediad buddugol, mae'r pelydryn 'na o olau'n torri drwy'r cymylau ac rydych chi'n sefyll yna'n falch yn eich padiau, yn codi eich bat, fel cleddyf y Brenin Arthur, ac yn clywed y dorf yn rhuo eich enw, fel un o arwyr mawr yr oesoedd: 'Delyth, Delyth, Delyth.'

Ond eto, mae'n annhebygol.

BOWLWYR
Y BOWLIWR CYFLYM

- *Bowlio – wrth gwrs – yn gyflym iawn, iawn:* **10**
- *Codi ofn ar bawb:* **10**
- *Ffitrwydd:* **9**
- *Tactegau:* **8**
- *Ddim eisiau brolio:* **6**
- *Batio:* **2**

Ym Mhencadlys Campau Campus, ry'n ni'n credu bod pob bowliwr, yn y lle cyntaf, eisiau bod yn fowliwr cyflym. Wedi'r cyfan, mae bowlio'n gyflym iawn yn gwneud synnwyr os ydych chi am gael cymaint o fatwyr allan â phosibl (ar yr amod eich bod chi'n gallu bwrw'r targed). Hefyd, mae'n lot o hwyl.

Ond, fel pob bowliwr, mae angen cynllun ar fowliwr cyflym, felly mae craffter tactegol yn hanfodol. Falle bod 'na 13 o chwaraewr mas ar y maes, ond mae'n frwydr bersonol rhyngoch chi a'r batiwr bob tro rydych chi'n rhedeg i fyny i fowlio. Ac felly mae angen i chi allu amrywio eich bowlio: ydych chi eisiau bwrw'r stympiau neu dwyllo'r batiwr er mwyn ei ddal allan?

Felly, mae angen i chi fod yn ymosodol ond yn gyfrwys fel llwynog: yn gymysgedd rhwng Thor a Loki.

Ac mae'n hanfodol eich bod chi mor heini ag y gallwch chi fod, oherwydd mae bowlio'n gyflym yn golygu rhedeg pellter hir: maen nhw'n dweud bod bowliwr cyflym yn gwneud mwy o redeg nag unrhyw chwaraewr arall ar gyfartaledd – o leiaf 4 milltir bob gêm (neu 6.5 km).

Y BOWLIWR LLED-GYFLYM

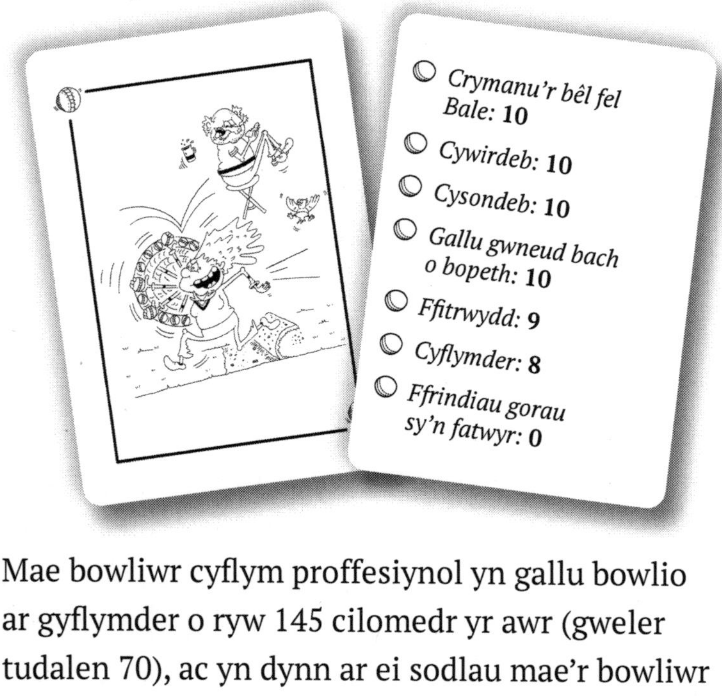

Mae bowliwr cyflym proffesiynol yn gallu bowlio ar gyflymder o ryw 145 cilomedr yr awr (gweler tudalen 70), ac yn dynn ar ei sodlau mae'r bowliwr lled-gyflym ar gyflymder o ryw 113 km yr awr.

Mae hynny'n dal i fod mor gyflym â char yn gwibio ar hyd lôn gyflym y draffordd, cofiwch chi. I wneud iawn am y diffyg cyflymder 'ma, maen nhw'n gallu defnyddio siâp y bêl i wneud bywyd yn ddiflas iawn i'r batiwr.

Mae hyn fel arfer yn golygu gwneud i'r bêl swingio (troi) yn yr awyr, neu i fownsio'n rhyfedd oddi ar sêm (pwythau) y bêl.

Mae angen i fowliwr lled-gyflym gyfuno ffitrwydd a chyflymder bowliwr cyflym â dwylo a bysedd clyfar y troellwr. Falle na fyddwch chi'n serennu mor ddisglair â'r hen fowlwyr cyflym a'r troellwyr 'na, ond all neb ddweud bo' chi ddim yn cael canlyniadau, a bydd unrhyw un sy'n gwybod unrhyw beth am griced yn falch o'ch cael chi ar eu tîm.

Chi yn aml yw chwaraewr amryddawn y tîm (gweler tudalen 35).

DYFYNIADAU DIFYR

'Y fantais arall i Loegr pan mae Phil Tufnell yn bowlio yw ei fod e ddim yn maesu.'

– Ian Chappell, cyn-gricedwr Awstralia, ym 1990

Y TROELLWR

- *Yn fwy cyfrwys nag Athrylith Annifyr o Blaned y Cynlluniau Cas:* **10**
- *Bysedd fel consuriwr:* **10**
- *Breichiau fel octopws:* **8** *(jôc,* **10***)*
- *Ffitrwydd:* **9**
- *Cyflymder:* **7**
- *Batio:* **4**

Troelli – lle mae byd y campau'n cwrdd â chelf. Mae rhai o'r eiliadau mwyaf cofiadwy yn hanes criced, os nad y byd chwaraeon, wedi digwydd diolch i ddewiniaeth y troellwr.

Mae'r troellwr yn unigryw oherwydd y fath ddewrder a'r ymarfer sydd ei angen arno. Achos, ar y dydd, falle na fydd y bêl yn troelli o gwbl, falle na fydd hi'n troelli digon, falle na fydd hi'n troelli'n iawn, a dim eich bai chi fydd hynny (cyflwr y bêl, y cae neu'r tywydd sydd ar fai, yn aml iawn).

Ry'n ni wedi rhoi 9 am ffitrwydd oherwydd, er ei bod hi'n syniad da i fod yn heini i chwarae unrhyw chwaraeon, gallwch chi fod yn droellwr heb fod yn gyflym nac yn athletig iawn. Mae'n bosib y bydd pobl yn eich gweld chi ac yn gofyn, 'Pam fod hwn yn y tîm?' ... tan i chi fowlio pêl sy'n dipio wrth i chi ei rhyddhau, cyn bownsio oddi ar y cae fel pry copyn yn neidio wysg ei ochr.

Y MAESWR

- *Dal pêl:* **10**
- *Cwrso pêl:* **10**
- *Deifio ar bêl:* **10**
- *Stopio pêl:* **10**
- *Canolbwyntio:* **10**
- *Dewrder:* **10**
- *Amynedd:* **10**

Mae'n rhaid i bawb faesu mewn criced – does dim osgoi'r peth – felly mae'n rhaid i bawb ddysgu.

Un o'r pethau anoddaf yw treulio oes yn sefyll filltiroedd o'r cyffro, cyn i rywun dorri ar draws eich breuddwydion gan weiddi, 'Dalia hi, y lembo dwl!' A dim ond geiriau dy fam yw'r rheini.

Felly, er bod maesu'n ymddangos yn ddigon braf, dydych chi ddim yn mynd i allu defnyddio'r holl amser sbâr 'na yn gwneud cadwyni blodau neu'n tecstio eich ffrindiau. Mae'r maeswyr gorau'n rhoi popeth i'r tîm ac yn gweithio i wella.

Ry'n ni i gyd yn faeswyr, ond pa fath o faeswr fyddwch chi?

Y WICEDWR

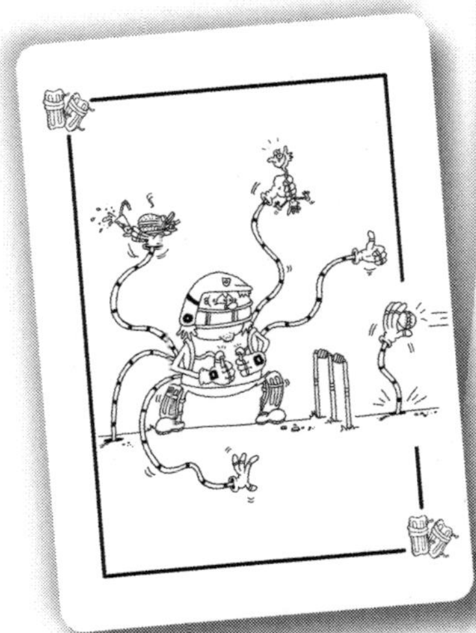

- *Dal pêl:* **100**
- *Bod ar eich cwrcwd am oriau:* **10**
- *Cyn llamu i'r ochr ar fyr rybudd:* **10**
- *Canolbwyntio:* **10**
- *Gallu codi pethau bach wrth wisgo menig mawr:* **8**
- *Rhedeg am y bws (yn gwisgo padiau):* **3**

Mae angen i chi allu canolbwyntio fel ci yn gwylio plentyn bach trwsgl yn bwyta byrgyr: mae rhywbeth yn siŵr o ddigwydd a rhaid i chi fod y cyntaf i ymateb – 'pryd?' yw'r cwestiwn tyngedfennol. Ar wahân i'r dyfarnwyr, chi yw'r unig berson sy'n gorfod dilyn pob pêl wrth i'ch tîm chi faesu, a byddwch chi'n gwisgo rhyw hen bethau mawr o'r enw 'padiau' ar eich coesau, het (neu helmed) a menig, waeth pa mor boeth yw hi. Dyw hon ddim yn rôl i freuddwydwyr neu bobl sy'n hoffi syllu ar gymylau neu sgwrsio am y tywydd.

Chi yw gôl-geidwad y byd criced: yn gadarn a dibynadwy, yn chwim fel Ninja.

CHWARAEWYR ERAILL Y DYLECH WYBOD AMDANYN NHW

Y CHWARAEWR AMRYDDAWN

Rydych chi'n gwybod yn iawn bod y batwyr agoriadol eisiau gallu bowlio fel chi, a bod y bowlwyr agoriadol eisiau gallu batio fel chi. Yn dawel fach, rydych chi'n meddwl y dylech chi fod yn gapten – ond chi yw'r capten, yn ddigon aml, felly mae popeth yn iawn. Os yw pobl yn meddwl eich bod chi'n ddiawl bach clyfar, does dim ots ganddyn nhw mewn gwirionedd, achos maen nhw'n gwybod y gallwch chi achub y gêm. Hefyd, y chwaraewyr amryddawn sy'n dueddol o fod ychydig yn fwy di-hid na phawb arall. Mae hyn, mae'n siŵr, oherwydd eu bod nhw'n ddigon da i allu peidio â chymryd pethau ormod o ddifri, ac mae'n esbonio pam eu bod nhw fel arfer yn edrych fel eu bod nhw'n cael amser grêt.

Y GWYLIWR NOS

Dyw'r rôl hon ddim yn bodoli mewn unrhyw gamp arall oherwydd prin yw'r campau eraill sydd â gemau sy'n para diwrnodau – golff yw'r enghraifft arall, neu bêl-droed yn y drydedd ganrif ar ddeg.

Dyw'r Gwyliwr Nos ddim yn fatiwr gwych, mae'n rhywun sy'n dod 'mlaen tua diwedd y dydd mewn gêm Brawf. Wedi'r cwbl, dydych chi ddim eisiau colli un o'ch chwaraewyr gorau reit ar ddiwedd y dydd. Wedi dweud hynny, mae'n rhaid i'r Gwyliwr Nos aros i mewn, felly mae'n rhaid iddo fod yn

YSTADEGAU YSBLENNYDD!

Mae Alan Jones yn un o chwaraewyr chwedlonol Morgannwg ac yn un o anfarwolion criced Cymru. Mae ei record yn rhagorol, a heb ei threchu hyd heddiw. Sgoriodd Jones 34,056 o rediadau i Forgannwg, sy'n syfrdanol, a 238 o sgôrs dros 50. Sgoriodd dros 1,000 o rediadau mewn 23 tymor o'r bron, a llawer mwy na hynny yn reit aml. Yn anghredadwy ni chafodd ei gapio i Loegr erioed.

fatiwr hanner call. Felly, rhaid i chi fod y gorau o'r chwaraewyr gwael: un sy'n gallu chwarae'n amddiffynnol wrth iddi nosi, cyn dod allan y diwrnod wedyn a sgorio llwyth o rediadau (yn reit gyflym, gobeithio). Mae sawl Gwyliwr Nos wedi sgorio cant.

Mark Boucher o Dde Affrica yw un o'r Gwylwyr Nos gorau, mae'n siŵr. Ond cofiwch hefyd am y Sais Alex Tudor druan, a sgoriodd 99 o rediadau heb fod allan: enillodd y gêm i'w dîm, ond fe'i gorffennodd hi hefyd cyn iddo gyrraedd y 100 hudolus 'na. Trueni!

FFAITH FFANTASTIG

Dyw tîm merched Cymru, fel y dynion, ddim yn cystadlu'n rhyngwladol yn aml iawn, gan eu bod nhw'n chwarae ar y cyd â Lloegr. Fodd bynnag, yn 2005 gwnaethon nhw gystadlu mewn twrnamaint 'Ewropeaidd' yng Nghymru, gan ennill dwy gêm yn erbyn Iwerddon a'r Alban a gorffen yn drydydd.

DYFYNIADAU DIFYR

'Dw i nawr yn gwybod, yn ddwfn yn fy nghalon, i beidio â phwnio loceri.'

– Ben Stokes

DIGWYDDODD RHYWBETH DONIOL ...

Gofynnwyd i Shahid Afridi chwarae Gêm Ryngwladol Undydd (ODI) yn erbyn Sri Lanka ym 1996 ond anghofiodd ei fat. Ar ôl benthyg un gan Sachin Tendulkar, sgoriodd Afridi y cant cyflymaf (ar y pryd) yn hanes ODI – mewn 37 o beli (yn cynnwys 11 chwech a 6 phedwar). Roedd bat Tendulkar yn gallu gwneud pethau arbennig hyd yn oed!

DYFYNIADAU DIFYR

'Dyna'r peth gwych am fod yn chwaraewr amryddawn. Rydych chi'n gallu rhoi eich stamp ar y gêm gyda bat a phêl.'

– Ben Stokes, capten dynion Lloegr

FFEITHIAU FFANTASTIG

Ofergoelion criced: mae'n siŵr mai'r chwaraewr â'r defodau rhyfeddaf cyn chwarae gêm o griced oedd Neil McKenzie o Dde Affrica. Pan oedd wrthi'n aros i fynd allan, byddai'n glynu ei fat criced wrth y nenfwd â thâp. Cyn dechrau ei fatiad, byddai hefyd yn gwneud yn siŵr bod yr holl oleuadau yn yr ystafell newid wedi'u diffodd a bod seddi'r toiledau i lawr.

Nodyn go ddifyr ar ffaith ffantastig: Dechreuodd McKenzie sticio ei fat ar y nenfwd ar ôl i'w gyd-chwaraewyr wneud hynny fel jôc.

Amelia Kerr o Seland Newydd yw'r cricedwr ieuengaf erioed i sgorio 200 o rediadau neu fwy. Sgoriodd hi 232 o rediadau yn erbyn Iwerddon yn 2018 pan oedd hi'n ddim ond 17 oed.

DYFYNIADAU DIFYR

'Alla i ddim dweud 'mod i'n batio'n wael. Dw i ddim yn batio'n ddigon hir i fod yn batio'n wael.'

– Greg Chappell, cyn-gricedwr Awstralia

GOLAU AR Y GORAU

SACHIN TENDULKAR

Mae llawer yn credu mai hwn yw'r batiwr gorau i chwarae'r gêm yn yr oes fodern, ac mae'n hawdd gweld pam.

Chwaraeodd Sachin (ei ffugenw yw'r Meistr Bach – gan ei fod yn eitha byr yn ddim ond 165 cm) ei gêm Brawf gyntaf dros India pan oedd yn ddim ond 16 oed ym 1989.

Tendulkar oedd y batiwr cyntaf yn hanes criced i sgorio 12,000 o rediadau prawf, yna 13,000, yna 14,000. Yn y pen draw, ymddeolodd ar drothwy 16,000 o rediadau prawf, llawer mwy nag unrhyw fatiwr arall – record sy'n annhebygol o gael ei thorri am gryn amser. Fe hefyd yw'r unig fatiwr i sgorio 100 cant mewn criced rhyngwladol.

Yn 2013 cafodd ei enwi yn XI Criced Prawf yr Oesoedd. Dim ond un cricedwr modern arall –

Viv Richards – gafodd le yn y tîm ffantasi hwn. Mae Tendulkar wedi ennill Gwobr Khel Ratna, prif wobr chwaraeon India; a Gwobr Bharat Ratna, prif anrhydedd sifil India, ymysg llwyth o wobrau eraill.

Felly beth oedd ei gyfrinach?

Mae'n wir, roedd e'n go ymosodol, yn gwneud defnydd o 'steil pwnio' gwreiddiol iawn, ac ychwanegodd rai ergydion go anarferol i'w set sgiliau wrth iddo heneiddio a dod yn llai ystwyth.

Fodd bynnag, mae pawb yn dueddol o gytuno mai cydbwysedd perffaith a thawelwch meddwl Tendulkar a'i cododd i lefel uwch na llawer o gricedwyr eraill. Yn gadarn fel craig – byth yn chwifio'r bat o gwmpas yn ddiangen – roedd yn chwarae steil clasurol o griced a oedd yn gelfydd o syml.

Mae Tendulkar yn brawf mai'r pethau sylfaenol yw'r sail i fawredd.

O, ac roedd e'n gallu bowlio'n eitha da hefyd.

PENNOD 3:
Y GÊM

Mewn pan chi mas, mas pan chi mewn, a sawl dirgelwch arall

Y LLAIN

Yn gyffredinol, mae'n rhaid i gae criced gael dau beth – fel arall, dim ond cae cyffredin a ddylai fod yn gartref i ddefaid yw e – sef:

1. Mae 'da chi'r llain – y darn fflat (gobeithio) yn y canol (neu tua'r canol), lle mae'r batwyr yn sefyll a'r bowlwyr yn bowlio. Mae weithiau'n cael ei alw'n 'sgwâr', sy'n gelwydd noeth achos petryal yw e, oni bai bod sawl un ochr yn ochr â'i gilydd, sydd i'w weld yn reit aml.
2. Yna mae gweddill y cae, sydd hefyd mewn cyflwr hanner call gobeithio, gyda ffin: dyma ymyl yr ardal chwarae, a dylai hi ddim fod yn rhy bell i ffwrdd, ond dylai hi ddim fod yn ddiflas o hawdd i'w chyrraedd chwaith wrth roi hergwd go dda i'r bêl (gyda bat go dda).

Y Ffin
Cris Batio
Wiced
Cris Bowlio
Cornel y Fuwch
Yr Allfaes

Dw i'n dweud 'gobeithio' oherwydd mae lot o gynllunwyr caeau criced (yn bennaf mewn ysgolion a phentrefi ar hyd a lled y wlad) yn meddwl ei bod hi'n ddoniol potsian gyda'r model hollol resymol hwn.

Yma ym Mhencadlys Campau Campus, ry'n ni 'di gweld popeth. Er enghraifft:

- Llain yn eistedd ar ben bryn serth. Roedd hyn yn golygu, ar ôl i bêl deithio mwy nag ychydig lathenni, y byddai'n cyflymu ac yn rholio i mewn i'r sir nesaf. Ar y llaw arall, roedd yr olygfa'n fendigedig.
- Cae gyda choeden fawr yn chwarae fel maeswr canol-wiced. Roedd rhywbeth rhyfedd am y goeden 'ma: unwaith i chi sylwi arni (ac roedd hi'n anodd iawn peidio), roedd hi bron yn amhosibl bwrw'r bêl i unrhyw gyfeiriad arall.
- Allfaes lle'r oedd gwartheg yn pori tan fore'r gêm – doedd dim hanner digon o amser i'r dom sychu. Ar ôl i'r bêl lanio mewn pentwr o ddom da, roedd hi'n ymddwyn yn go ryfedd, ac roedd hi'n reit ddrewllyd hefyd.

Felly, y wers yw: os yw'r cae'n ddigon mawr ac o'r siâp cywir (yn fras), bydd pobl yn dod i chwarae beth bynnag.

***Nodyn diddorol:** Mae 'na safle maesu go iawn o'r enw Cornel y Fuwch – o gwmpas y safle canol-wiced dwfn (gweler tudalen 58). Cafodd yr enw hwnnw gan ei fod mewn cornel o'r cae sy'n saff i wartheg bori'n hapus a mynd i'r tŷ bach gan fod batwyr ddim yn dueddol o fwrw'r bêl yno.*

OFFER

Felly beth sydd ei angen ar y cricedwr modern? Mae hynny'n dibynnu ar ambell beth: a yw'n maesu, yn cadw'r wiced, yn bowlio, yn batio ... neu'n dyfarnu?

Maeswr

- Cofiwch wisgo trowsus (ddim yn hanfodol, ond ceisiwch wneud)
- Sgidiau addas i gwrso peli (gyda bobls neu sbeics ar y sodlau)
- Eli haul (os yw hi'n boeth) neu siwmper (os yw hi'n oer) neu'r ddau (os ydych chi'n chwarae yng Nghymru)
- Het

Wicedwr

- Menig mawr sydd – i ddechrau – yn ei gwneud hi'n anoddach i ddal y bêl, os rhywbeth. Ond maen nhw'n gwarchod eich dwylo ac, ar ôl i chi arfer â nhw, nhw yw eich ffrindiau gorau.
- Helmed
- Padiau
- Bocs

Batiwr

- Menig bach, gyda'r migyrnau wedi'u diogelu
- Helmed, i warchod yr ymennydd (reit bwysig)
- Padiau
- Bocs
- Amddiffynnwr brest
- Padiau clun
- Sgidiau – gyda sbeics a rhywbeth i warchod y bysedd traed

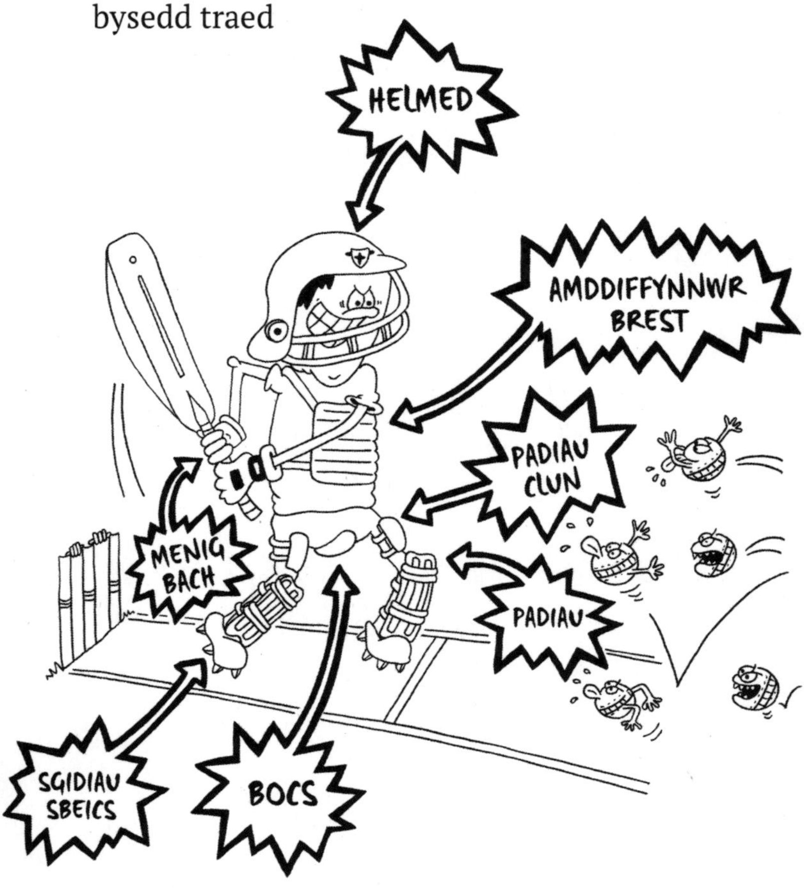

Dyfarnwr

- Cot wen
- Het lipa
- Cyfrifydd pelawdau (neu gerrig bach)
- Deg siwmper, i gyd yn berchen i'r chwaraewyr

HYD Y GÊM

Pa mor hir mae gêm yn para yn union? Wel, ble i ddechrau? Gan fod cymaint o wahanol fformatau i griced, ac oherwydd bod y gêm i fod i orffen pan mae'r ddau dîm wedi batio a phob chwaraewr allan, gall gemau criced fod o unrhyw hyd, o'r amser mae'n ei gymryd i frwsio'ch dannedd i ... wel, am byth, fwy neu lai.

FFAITH FFANTASTIG

Roedd y gêm Brawf hiraf erioed rhwng Lloegr a De Affrica – aeth hi 'mlaen am bron i bythefnos! Dechreuodd Gêm Brawf Dragwyddol 1939 ar ddydd Gwener 3 Mawrth, a gorffen 12 diwrnod yn ddiweddarach. Ffiw! Sgoriwyd cyfanswm syfrdanol o 1,981 o rediadau a chafodd 5,447 o beli eu bowlio. Ac, wedi'r cyfan, gorffennodd y gêm yn gyfartal – petaen nhw wedi cario 'mlaen byddai tîm Lloegr wedi colli eu cwch adre!

I gadw pethau'n syml, fe anwybyddwn ni – jyst am y tro – y math o griced sy'n cael ei chwarae yn eich gardd gefn ac o dan do (mae criced mewn coridorau ysgol yn grêt ond yn erbyn y rheolau, siŵr o fod), sy'n golygu bod pedwar prif fformat i'r gêm ryngwladol:

- **Gemau Prawf**
  5 diwrnod (fel arfer) gyda dau fatiad i'r naill dîm
- **Gemau Rhyngwladol Undydd (neu ODIs)**
  Ie, 'na chi, 1 diwrnod (neu ychydig yn llai os yw pawb allan yn gyflym)

- **Gemau Rhyngwladol Ugain20 (neu T20)**

  20 pelawd y tîm = 6 phelen y belawd, neu 120 o gyfleoedd i'r ddau dîm roi hergwd go iawn i'r bêl 'na. Mae popeth fel arfer ar ben ar ôl tair neu bedair awr

- **Y Cant**

  Fformat newydd sbon, sy'n ddifyr iawn. Mae pob tîm yn cael un batiad ac yn wynebu cant o beli. Mae'n para tua dwy neu dair awr ac mae gan y timau enwau fel Oval Invincibles, Birmingham Phoenix … a Tân Cymreig.

Gall yr holl fformatau hyn fod yn gyffrous iawn am wahanol resymau: Ugain20 gan fod pawb yn ceisio sgorio rhediadau fel lladd nadroedd; ODIs gan fod lot yn gallu mynd yn iawn neu'n rong mewn diwrnod, ac mae wastad rhywbeth yn digwydd.

A gemau prawf, oherwydd does dim byd tebyg ar wyneb y ddaear. I bobl sy' ddim yn deall criced, gall edrych fel bod dim o werth yn digwydd am oriau maith mewn gemau prawf – ac weithiau maen nhw'n llygad eu lle: mae'r bowlwyr yn bowlio, y batwyr yn gwthio'r bêl o gwmpas, yr haul yn gwenu, yr adar yn canu fyny fry ...

ac rydych chi'n dechrau pendwmpian. OND WEDYN! Heb unrhyw rybudd O GWBL, mae'r bêl yn yr awyr, mae'r bowliwr yn gweiddi nerth ei ben a'r maeswr (a oedd yn hanner cysgu hefyd) yn deffro, yn sbecian tua'r nen, yn edrych am smotyn bach coch, ac yna'n deifio ...

Mae criced prawf fel gêm o wyddbwyll, ond gwyddbwyll sydd, rywsut, yn cynnwys gorchestion gwych o ddewrder corfforol a sgiliau acrobatig.

Ym Mhencadlys Campau Campus, ry'n ni wedi gweld gemau pum diwrnod yn cael eu colli o fewn awr, neu'n cael eu chwarae'n ffyrnig hyd at eiliad olaf y diwrnod olaf.

Mae criced prawf, ar ei orau, yn well na'r gorau o unrhyw beth arall y gallwch ei chwarae neu wylio. Ffaith.

DYFYNIADAU DIFYR

'Gyntaf oll, dwedwch wrth eich hun mai chi yw'r gorau, achos byddwch chi'n ceisio profi hyn wrth eraill am weddill eich oes.'

– Wasim Akram, cyn-gricedwr Pacistan

SGORIO

I sgorio mewn criced mae angen i chi gael rhediadau, ac i wneud hynny mae angen i chi redeg. Mae mor syml â hynny. Y tric (i'r batiwr) yw taro'r bêl lle does dim maeswyr, neu mor bell o'u gafael nhw â phosib. Os gall wneud hyn, yna mae digon o amser i redeg o un set o stympiau, neu wicedi, i'r llall cyn i'r maeswyr ddychwelyd y bêl – mae hyn yn sgorio un rhediad cyfan i chi.

Mae'n rhaid i'r batiwr arall redeg rhwng y wicedi hefyd, felly gwnewch eich gorau i beidio bwrw'n erbyn eich gilydd a chwympo tin-dros-ben.

Os llwyddwch chi i fwrw'r bêl yn bell iawn oddi wrth unrhyw faeswyr (a fydd wedyn yn gorfod rhedeg â'u gwynt yn eu dwrn i'w nôl hi), bydd gennych chi ddigon o amser i redeg eto, gan orffen yn ôl lle dechreuoch chi (mae hyn yn sgorio dau rediad i chi), neu deirgwaith os ydych chi a'r batiwr arall ymysg y 0.01% o'r boblogaeth sy'n gallu rhedeg yn gyflym iawn wrth wisgo padiau, bocs a helmed.

Ond, yn well fyth, os gallwch chi fwrw'r bêl yr holl ffordd i'r ffin (gweler tudalen 43), byddwch chi'n sgorio pedwar rhediad, neu chwech (o, Mam bach!) os aiff y bêl dros y ffin heb fownsio'n gyntaf.

ALLAN / MAS

Weithiau, mae'n teimlo bod mwy o drychinebau'n cuddio'n y cysgodion i'ch cael chi 'allan' yn hytrach na ffyrdd o aros mewn. Mae hyn, mae'n siŵr, gan fod llawer mwy o faeswyr na batwyr: dim ond dau ohonoch chi yn erbyn 11 ohonyn nhw, gyda phob un wan jac yn ceisio gwneud pethau drwg i chi. Felly, mae'n lle digon anghyfeillgar mas 'na.

Wrth sôn am drychinebau, ry'n ni'n golygu unrhyw un o nifer o ddigwyddiadau anffodus a all arwain atoch chi'n cerdded bant o'r cae, yn ysgwyd eich pen yn ddigalon gan fod bywyd yn annheg iawn.

(Dyw e ddim, criced yw'r gamp decaf yn y bydysawd, wrth gwrs.)

I gadw pethau'n syml, dim ond dwy ffordd sydd 'na o fod allan mewn criced:

- Cael eich dal
- Colli eich wiced.

DYFYNIADAU DIFYR

'Weithiau, mae'r llinell rhwng dewrder a thwpdra pur yn un denau iawn.'

– Andrew Flintoff

1. Cael eich dal

I gael eich dal allan, mae'r bowliwr yn bowlio pêl atoch chi – heb dorri unrhyw reolau fel bowlio'n rhy agos pan dydych chi ddim yn barod, neu fowlio filltiroedd o'r targed ('pêl lydan') – ac rydych chi'n ei tharo, naill ai gyda'ch bat neu eich menig. Ac wedyn mae maeswr yn ei dal hi, cyn iddi fownsio.

Heddiw, mae 'da nhw beiriannau arbennig â chlyw anhygoel, fel cwningod electronig, a all synhwyro eich bod chi wedi taro'r bêl hyd yn oed os mai dim ond crafu wyneb eich bat neu faneg wnaeth hi.

2. Colli eich wiced

Gallwch chi golli eich wiced fel hyn:

- Mae'r bowliwr yn bowlio ac yn bwrw'ch stympiau fel bod y catiau'n cwympo – mas â chi.
- Byddai'r bêl wedi bwrw'ch stympiau, ond roedd eich coesau (yn hytrach na'r bat) yn ei ffordd – mas â chi. Coes o Flaen Wiced (CFW) yw'r enw ar hyn, ac mae wedi achosi mwy o ddadlau mewn ystafelloedd byw ac ar y teledu nag unrhyw beth arall yn hanes chwaraeon bron – ail yn unig i reol camsefyll pêl-droed, falle.
- Mae maeswr yn bwrw'ch stympiau wrth ddal y bêl, neu drwy ei thaflu at y wiced a bwrw'r catiau bant, ac rydych chi allan o'ch cris (gweler tudalen 43) – ie, dyna ni, mas â chi. Sori.

SAFLEOEDD MAESU

Mae enw gan bob rhan o'r cae lle gall maeswr sefyll. Mae rhai enwau'n fwy gwirion nag eraill.

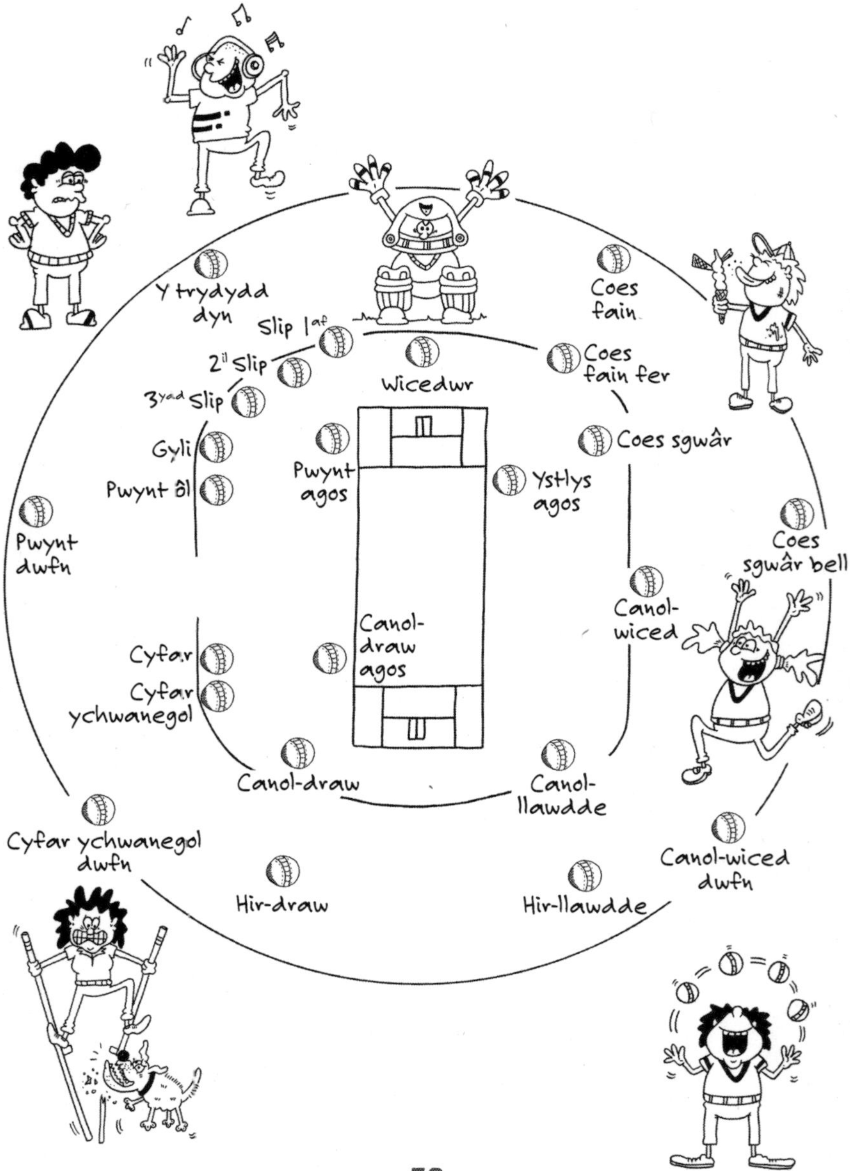

RHEOLAU

Un o'r pethau diddorol am griced yw'r gwahaniaeth rhwng:

- Pethau ddylech chi ddim eu gwneud
- Pethau ddylech chi ddim eu gwneud AR UNRHYW GYFRI.

Er enghraifft, dyw hi ddim yn erbyn y rheolau i fowlio beth mae pobl weithiau'n ei alw'n 'fownsar'. Pêl yw hon sy'n cael ei bowlio mor gyflym a chaled i mewn i'r ddaear ('yn fyr') nes ei bod hi'n bownsio i fyny, a gall fwrw'r batiwr. Mae'n reit frawychus. Serch hynny, mae gan fowlwyr yr hawl i fowlio'n fyr a chaled, ond os byddwch chi'n bowlio gormod ohonyn nhw, neu os yw'r dyfarnwr yn

meddwl bod y batiwr yn rhy amhrofiadol neu ddim yn ddigon da i ymdopi, bydd yn rhoi stop ar bethau mewn chwinciad.

Mae Clwb Criced Marylebone yn rhestru 42 math o ymddygiad annheg – cyfrifoldeb y chwaraewyr, dan arweiniad y capteiniaid, yw chwarae'n deg ac yn ysbryd y gêm. Neu gall y dyfarnwr ddefnyddio ei synnwyr cyffredin a'i ymdeimlad o beth yw chwarae teg a chael gair bach tawel yng nghlust y chwaraewyr a gofyn yn gwrtais iddyn nhw roi'r gorau i beth bynnag maen nhw'n ei wneud.

Mae'n ddiddorol nad oes angen i ddyfarnwyr criced gario chwiban.

Felly, mae hynny'n gadael y pethau ddylech chi ddim eu gwneud AR UNRHYW GYFRI.

YSTADEGAU YSBLENNYDD

Shoaib Akhtar, neu'r 'Rawalpindi Express', yw'r bowliwr cyflymaf yn hanes y gêm. Bowliodd y gŵr o Bacistan y belen gyflymaf erioed mewn criced rhyngwladol yn ystod Cwpan Criced y Byd 2003. Gwibiodd i lawr y wiced ar 161.3 km yr awr.

Gallwn ni rannu'r rhain i'r categorïau hyn:

Batio

- Peidiwch â bwrw'r bêl ddwywaith ar bwrpas
- Peidiwch â chyffwrdd y bêl â'ch dwylo
- Peidiwch ag atal maeswr rhag cyrraedd y bêl ('rhwystro').

Maesu

- Peidiwch ag atal y batiwr rhag rhedeg rhwng y wicedi ('rhwystro' eto)
- Peidiwch â cheisio tynnu sylw'r batiwr (er enghraifft, drwy weiddi 'gwylia dy ben!' am ddim rheswm o gwbl, chwarae'r utgorn yn wael, neu esgus bod yn awyren yn yr allfaes).

Bowlio

- Peidiwch â bowlio'r bêl yn rhy bell oddi wrth y batiwr ('pêl lydan')
- Peidiwch â bowlio gyda'ch troed dros y cris (gweler tudalen 42) ('pêl ofer')
- Peidiwch â thaflu'r bêl (plygu'r benelin ormod).

Pawb

- Gwnewch beth mae'r dyfarnwr yn ei ddweud – dyna'i diwedd hi.

CAEAU CRICED CAMPUS

Galle, Sri Lanka
Lle i 35,000
Adeiladwyd 1876
Pam ry'n ni'n ei hoffi? Er iddo gael ei ddinistrio bron yn llwyr gan y tswnami a ddigwyddodd yno yn 2004, mae Galle yn un o'r meysydd hyfrytaf oll. Awyrgylch parti ar gyfer y gemau mawr.

Gerddi Sophia, Caerdydd, Cymru
Lle i 16,000
Adeiladwyd 1967
Pam ry'n ni'n ei hoffi? Cartref Criced Cymru!

Trent Bridge, Nottingham, Lloegr
Lle i 17,000
Adeiladwyd 1841
Pam ry'n ni'n ei hoffi? Er nad oes ganddo'r un hanes â'r Oval neu Lord's yn Llundain, mae llawer yn dal i gredu mai hwn yw lleoliad criced traddodiadol gorau'r byd. Mae hanes wedi ei greu yma droeon a thro. Sgorfwrdd gorau'r byd.

Malahide, Dulyn, Iwerddon
Lle i 11,000
Adeiladwyd 1861
Pam ry'n ni'n ei hoffi? Cartref criced Iwerddon a lleoliad gêm Brawf gyntaf Iwerddon yn erbyn Pacistan yn 2018.

MCG, Melbourne, Awstralia
Lle i 96,000!
Adeiladwyd 1854
Pam ry'n ni'n ei hoffi? Y criced mwyaf swnllyd ar wyneb y ddaear.

Feroz Shah Kotla, India
Lle i 40,000
Adeiladwyd 1883
Pam ry'n ni'n ei hoffi? Awyrgylch anhygoel, y lle anoddaf yn y byd i dimau oddi cartref.

Newlands, Cape Town, De Affrica
Lle i 17,000
Adeiladwyd 1889
Pam ry'n ni'n ei hoffi? Mae 'na fynydd enfawr drws nesaf. Anhygoel.

Queens Park Oval, Port of Spain, Trinidad a Tobago

Lle i 25,000

Adeiladwyd 1896

Pam ry'n ni'n ei hoffi? Criced carnifal y Caribî ar ei orau.

Lord's, Llundain, Lloegr

Lle i 28,000

Adeiladwyd 1814

Pam ry'n ni'n ei hoffi? Cartref criced. Oes angen dweud mwy?

PENNOD 4: SGILIAU A THACTEGAU

Yn cynnwys triciau defnyddiol i ddiddanu'ch ffrindiau a sathru ar eich gelynion

Ydy, mae criced yn edrych yn ddigon anodd, ond mewn gwirionedd mae'n un o'r campau hawsaf i gymryd rhan ynddi: os nad ydych chi'n fatiwr da iawn, yna mae'n siŵr eich bod chi'n gallu bowlio; os yw eich bowlio'n gwneud i bawb bwyntio bys a chwerthin, yna falle mai maesu yw'r rôl i chi – hyd yn oed os yw hynny jyst yn golygu stopio'r bêl drwy gwympo'n bendramwnwgl; ac os nad yw'r holl rolau hyn yn eich siwtio chi, yna fe allech chi ddysgu'r rheolau, dod i nabod y gêm fel cefn eich llaw, a dod yn dactegydd cyfrwys (y capten!), rhywbeth sydd ei angen ar bob tîm gwerth ei halen. Felly, dyna bedwar cyfle i ddod o hyd i le yn y tîm a theimlo'n rhan werthfawr ohono – tri yn fwy na'r rhan fwyaf o gampau eraill.

Does dim angen i chi allu rhedeg yn gyflym na neidio'n uchel, a does dim angen i chi fod yn gryf neu'n dal. Mae 'na gricedwyr da o bob lliw a llun: dyma'r gêm tîm eithaf.

Fodd bynnag, fel gyda phob camp, fe ddylech chi ddechrau trwy roi cynnig ar bopeth, a chofiwch fod ymarfer y sgiliau craidd yn gwneud byd o wahaniaeth. I'ch helpu chi ar eich taith i ddod yn gricedwr campus, dyma bennod Sgiliau a Thactegau *Criced Cyffrous*.

Os mai dim ond un peth fyddwch chi'n ei ddarllen cyn camu i'r cae, darllenwch hon, y bennod bwysig.

BOWLIO

Y sgiliau sylfaenol

Nod y gêm yw cael cymaint o fatwyr â phosib allan – a hynny mor gyflym â phosib – felly mae'r gallu i fowlio'n gywir yn bwysig, yn amlwg. Mae hyn yn golygu bowlio'r bêl lle rydych chi eisiau iddi fynd, dim ei thaflu hi'n wyllt at y batiwr gan obeithio na fydd hi'n taro aderyn anffodus, neu'n hedfan am yn ôl ac yn torri ffenest rhywun.

Gan amlaf, mae hyn yn golygu bowlio at y tri stwmp. Ond mewn gêm lle gall batiwr gael ei ddal allan, a lle mae'r fath beth â CFW (Coes o Flaen Wiced), mae'r gallu i fowlio pob math o beli yn fanteisiol dros ben. Ceisiwch amrywio pethau, dyna 'nghyngor i.

I feistroli'r bowlio, mae angen i chi weithio ar dri pheth sylfaenol:

1. **Rhedeg i fyny**

   Dyma injan y bowliwr: mae'n pweru cyflymder a chywirdeb. Ceisiwch ddod o hyd i rediad sy'n siwtio'ch dull chi o fowlio: gallwch chi roi cynnig ar wahanol bethau. Mae bowlwyr cyflym fel arfer yn rhedeg tua 15–20 cam, mae bowlwyr lled-gyflym yn rhedeg ychydig yn llai, ac mae troellwyr yn rhedeg tua chwe cham –

sy'n debycach i fynd am dro gyda pherthynas oedrannus na llamu tuag at y cris fel buwch gandryll.

2. **Swingio'r fraich**

Mae bowlio'n wahanol iawn i daflu – mae'r fraich yn sythach ac fe ddylai swingio heibio'ch clust (fel melin wynt yn troi). Gwyliwch fideos ar-lein a cheisiwch ddod o hyd i ffordd o fowlio sy' ddim yn cymryd gormod o ymdrech – yn ddelfrydol bydd eich braich wedi ymlacio. Mae gweithio ar eich hyblygrwydd yn syniad da.

3. **Rhyddhau**

Mae'n swnio'n amlwg, ond ta waeth: peidiwch â gadael i'r bêl fynd tan eich bod chi'n barod. Os byddwch chi'n rhyddhau'r bêl ffracsiwn yn rhy gynnar, bydd hi'n siŵr o fynd yn rhy uchel, a gallai daflu pen y batiwr i ffwrdd o'i ysgwyddau (fyddwch chi ddim yn boblogaidd iawn). Os byddwch chi'n ei rhyddhau hi'n rhy hwyr, bydd hi'n taro'r ddaear, yn rholio'n araf i lawr y wiced ac yn dod i stop tua metr o flaen y batiwr.

Os yw hyn yn swnio'n anodd, peidiwch â phoeni – gan amlaf, bydd eich ymennydd yn gwybod pryd i ryddhau'r bêl, heb i chi orfod meddwl gormod am y peth. Yn wir, dyw meddwl gormod am ryddhau'r bêl ddim yn syniad da.

Ymlaciwch, joiwch, ac fe ddaw'r sgiliau sylfaenol gydag amser ac ychydig o ymarfer.

Pethau cymhlethach

Reit, rydych chi wedi gwrando ar ein cyngor, gweithio ar y pethau sylfaenol, a dydych chi ddim yn berygl i chi'ch hun na phawb arall mwyach, felly mae'r amser wedi dod i benderfynu pa fath o fowliwr ydych chi am fod.

NODYN *Os bydd eich troed yn mynd dros y cris (gweler tudalen 42) mae'n 'bêl ofer', felly ni fydd y batiwr allan hyd yn oed os byddwch chi'n bwrw'r stympiau, a bydd y tîm arall yn cael un rhediad ychwanegol (neu ddau mewn rhai fformatau – fel T20 neu ODI), a bydd yn rhaid i chi fowlio pêl ychwanegol.*

BOWLIO CYFLYM

Dyma pan fyddwch chi (yn amlwg) yn ceisio bowlio mor gyflym ag y gallwch chi, ond yn gywir hefyd wrth gwrs. I gyrraedd y cyflymder uchaf posib, mae angen i chi allu rhedeg a swingio'r fraich yn gyflym, a rhaid bod yn gryf hefyd.

- Ymarferwch redeg i fyny a rhoi eich troed flaen ar yr un rhan o'r cris bob tro wrth i chi swingio eich braich o gwmpas. Defnyddiwch eich corff cyfan (nid dim ond y breichiau a'r coesau) i wneud i'r bêl fynd yn gyflymach. Byddai'n syniad da gofyn i ffrind eich ffilmio chi'n gwneud hyn a gweld sut ydych chi'n edrych. Fel gyda llawer o bethau ym myd y campau, os ydych chi'n edrych yn dda wrth wneud rhywbeth, mae'n siŵr eich bod chi *yn* dda.

- Canolbwyntiwch ar swingio eich braich yr un ffordd bob tro (peidiwch â phlygu'r benelin, neu byddwch chi'n taflu) a gweithiwch ar 'snapio' eich arddwrn yn syth ar yr eiliad olaf.
- Ymarferwch drwy afael yn y bêl mewn gwahanol ffyrdd, oherwydd bydd hyn yn gwneud i'r bêl hedfan drwy'r awyr a bownsio'n wahanol.

Er enghraifft:

Mae sêm-fowlwyr yn gafael yn y bêl gyda dau fys ar hyd y sêm (pwythau'r bêl), fel ei bod hi'n glanio ar y pwythau ac yn bownsio i'r chwith neu'r dde, sydd bron bob tro yn syrpréis cas i'r batiwr.

Mae swing-fowlwyr yn gwneud yr un peth, mwy neu lai, ond maen nhw'n gloywi un ochr o'r bêl ar eu trowsus, ac mae hyn yn gwneud i'r bêl wyro yn yr awyr. Hud a lledrith, yn wir – ac mae'n anodd iawn taro pêl sy'n gwyro (neu unrhyw beth sy'n gwyro, am wn i).

- Yn olaf, ewch allan i redeg ac ewch i'r gampfa – mae bowlio cyflym yn esgus da i ddod yn gyflym, heini a chryf.

TROELLI

Nodyn pwysig: mae'r cyfarwyddiadau hyn i bobl sy'n defnyddio eu llaw dde. Os ydych chi'n defnyddio eich llaw chwith, mae popeth i'r gwrthwyneb. Fel gyda phopeth.

Os yw cyflymder yn gwneud i chi fowlio'n gam neu os nad ydych chi'n rhy hoff o'r syniad o ddechrau rhedeg yn y maes parcio, falle mai troelli yw'r peth i chi. Mae 'na ddau wahanol fath o droellwr: yr all-droellwr a'r coes-droellwr.

Yr all-droellwr ('troelli i ffwrdd')

Dyma un o'r mathau mwyaf cyffredin o droelli. Daliwch y bêl ar hyd y pwythau ac, wrth i chi adael i'r bêl fynd, ffliciwch i lawr ac i'r dde gyda'ch arddwrn, eich bys pwyntio a'ch bys canol. Po fwyaf y fflic, y mwyaf fydd y bêl yn troelli, ac felly'r pellaf y bydd hi'n tasgu i ffwrdd o'r stwmp pellaf allanol (lle byddwch chi fel arfer eisiau iddi lanio) gan hedfan yn annisgwyl tua'r stwmp canol neu stwmp y goes a gwneud ffŵl o'r batiwr.

Coes-droellwr ('gwyriad coes')

Bydd y bêl yn bownsio'r ffordd arall gyda sbin o'r goes (o'r dde i'r chwith: gan fownsio'n agos at stwmp y goes a sbinio i'r ochr allan). Rholiwch

NODYN *Mae arddwrn-droellwyr yn rholio'r arddwrn yn fwy. Mae bys-droellwyr yn gwneud mwy o ddefnydd o'u bysedd. Syml …*

yr arddwrn y ffordd arall, yn wrthglocwedd – fel pan fyddwch chi'n troi bwlyn drws i'r chwith – a fflicio'ch bysedd i'r chwith. Eich bys canol fydd yn gwneud y rhan fwyaf o'r gwaith.

Mae hyn yn cymryd llawer o ymarfer, ond mae coes-droellwyr da yn bethau prin ac maen nhw bron bob amser yn cael eu dewis.

Felly dyna chi. Fel dwedes i, mae'n syniad da gwylio cymaint o fideos â phosib – mae gweld yr un mor bwysig â gwneud yn y byd bowlio.

TRICIAU DEFNYDDIOL

Yr Iorcer

Mae hon yn bêl ddefnyddiol i gael pobl allan. Does dim sêm, sbin na swing yn aml iawn – yn syml, rydych chi'n bowlio'r bêl yn 'hir' fel ei bod hi'n bownsio'n agos iawn at draed y batiwr, mynd o dan y bat, a bwrw'r wiced. Mae'n bêl gyflym dda iawn i'w dysgu pan fyddwch chi'n dechrau bowlio.

Y Gwgli

Mae'r gwgli'n edrych fel gwyriad coes, ond rydych chi'n troi eich llaw yr holl ffordd rownd, gan wneud i'r bêl droelli i ffwrdd. Bydd y batiwr yn disgwyl iddi droelli o'r chwith i'r dde, ond yn hytrach bydd yn bownsio o'r dde i'r chwith.

Y Fflipiwr

Daliwch y bêl yn barod i sbinio o'r goes ond yn lle rholio eich arddwrn neu fflicio eich bysedd, 'snapiwch' y bêl, fel petaech chi'n ceisio clicio eich bysedd – gan binsio'r bêl rhwng eich bysedd a'ch bawd. Bydd Fflipiwr da yn gyflymach na gwyriad coes arferol. Fydd hi ddim yn troelli nac yn bownsio rhyw lawer.

Y bêl arafach

Lle da i ddechrau. Bowliwch sawl pelen mor gyflym ag y gallwch chi, gan hwffian a phwffian â'ch gwynt yn eich dwrn. Yna, gan edrych ar y batiwr yn gynddeiriog, rhedwch i fyny'n gyflym, gyda golwg wyllt ar eich wyneb sy'n awgrymu eich bod chi am roi popeth i mewn i'r belen 'ma.

Yna bowliwch bêl arafach nag o'r blaen, ond reit ar y stwmp.

Gyda lwc, bydd y batiwr mor siŵr fod eich pêl am wibio tuag ato fel meteorit yn tanio i atmosffer y Ddaear, bydd yn swingio'n wyllt, ond yn rhy gynnar o lawer, ac felly'n methu o gryn bellter ... a bydd eich pêl yn taro'r catiau i'r llawr.

BATIO

Nod batio yw bwrw'r bêl mor bell ag y gallwch chi, ac i'r cyfeiriad cywir. Y brif sgìl, felly, yw cael ffon bren reit lydan i gysylltu â phêl maint oren sy'n symud yn gyflym iawn neu'n gwneud pob math o bethau rhyfedd. Neu'r ddau.

Dyma lle gallwch chi ddibynnu ar esblygiad a gwerth miliynau o flynyddoedd o reddf – wedi'r cyfan, ry'n ni wedi bod yn ceisio taro pethau gyda rhyw fath o bastwn pren ers oes pys: mae'r weithred yr un peth, os ydych chi'n anelu at ben mamoth, rhywun o'r enw Ug sydd wedi eich pechu, neu bêl fach goch.

Wedi dweud hynny, mae ambell beth allwch chi ei wneud i wella, ac mae hyn yn werth chweil achos prin fod unrhyw deimlad gwell na bwrw pêl allan o'r maes i sgorio chwech.

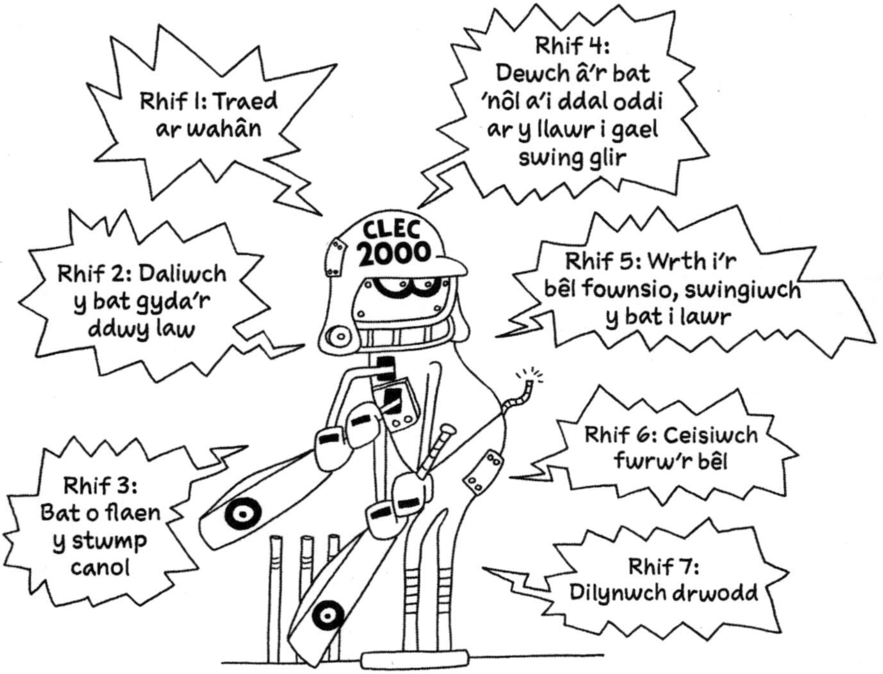
Rhif 1: Traed ar wahân
Rhif 2: Daliwch y bat gyda'r ddwy law
Rhif 3: Bat o flaen y stwmp canol
Rhif 4: Dewch â'r bat 'nôl a'i ddal oddi ar y llawr i gael swing glir
CLEC 2000
Rhif 5: Wrth i'r bêl fownsio, swingiwch y bat i lawr
Rhif 6: Ceisiwch fwrw'r bêl
Rhif 7: Dilynwch drwodd

Dyma CLEC 2000 – Peiriant clecio pêl griced gorau'r byd. Talwch sylw a byddwch chi'n bwrw chwech mewn dim o dro!!!

Canllaw Batio Bendigedig Campau Campus

- Sefwch gyda'ch ochr at y bowliwr, a'ch traed ar wahân (tua'r un mor llydan â'ch ysgwyddau).
- Daliwch y bat gyda'r ddwy law yn agos at ei gilydd, fel ei fod yn teimlo'n gyfforddus (gofynnwch i rywun ddangos i chi, os hoffech chi).
- Gwnewch yn siŵr bod eich bat o flaen y stympiau, fel arfer yr un canol (gofynnwch i'r dyfarnwr, os nad ydych chi'n siŵr).
- Tapiwch y bat ar y llawr – i ddangos i'r bowliwr eich bod chi'n barod, ond hefyd eich bod chi'n meddwl busnes.
- Tynnwch y bat yn ôl a'i ddal rhwng 30 a 60 cm oddi ar y ddaear (i roi eich swing i chi).
- Wrth i'r bêl hedfan i lawr y wiced, gwyliwch hi gyda llygad barcud.
- Wrth i'r bêl fownsio, gallwch chi swingio'r bat i lawr.
- Ceisiwch fwrw neu flocio'r bêl (gweler 'Ergydion').
- Dilynwch drwodd gyda'ch swing (pwysig – hyd yn oed os ydych chi'n methu'r bêl yn llwyr – mae'n arfer da iawn).

Triciau defnyddiol

- Dechreuwch drwy fwrw rhywbeth meddal, fel pêl tennis, yna pêl ymarfer rwber, cyn symud 'mlaen i'r peth go iawn.

- Canolbwyntiwch ar eich anadlu – bydd hyn yn eich helpu i dawelu eich meddwl a rhoi clec go dda i'r bêl.
- Symudwch eich traed. Mae camu 'mlaen, gyda'ch troed flaen mewn llinell â'r pwynt lle bydd y bêl yn bownsio yn ffordd dda o sicrhau na fyddwch chi byth yn ei methu hi'n llwyr.

Gwahanol ergydion

Bydd gwahanol ergydion yn anfon y bêl i wahanol gyfeiriadau:

Dyma rai ergydion i chi weithio arnyn nhw, yn dibynnu ar ble mae'r bêl yn glanio a sut mae hi'n bownsio.

Blaen-ergyd ac ôl-ergyd amddiffynnol:
Dyma'r peth cyntaf sy' angen i chi ei feistroli, yn sicr. Os gallwch chi wneud hyn, byddwch chi'n un anodd i'w gael allan. Yn dibynnu ar ble mae'r bêl yn glanio (yn hir, gyda'r bêl yn bownsio'n agos at draed y batiwr, neu'n fyr, gyda'r bêl yn bownsio ymhellach i fyny'r wiced, i ffwrdd o'r batiwr) camwch 'mlaen neu 'nôl a blocio'r bêl. Dim byd ffansi, ond mae'n ffordd effeithiol i stopio'r bêl rhag bwrw'r wiced. Ond wnewch chi ddim sgorio llawer o rediadau fel hyn.

Dreifio
Bydd dysgu i ddreifio pêl gymharol syth (un sy'n gwibio tuag atoch chi) yn arwain at rediadau. Yr un ergyd yw hon, i bob pwrpas, â'r flaen-ergyd amddiffynnol, ond rydych chi'n bwrw'r bêl yn galetach ac yn dilyn drwodd yn fwy fel bod y bêl yn rhedeg ar hyd y llawr, yn gyflym iawn, i'r chwith neu i'r dde, oddi wrth y bowliwr neu'n syth tuag ato/ati.

Slaesio

Cildorrwch y bêl ar yr ochr allan, ond gadewch hi'n reit hwyr, nes bod y bêl bron â'ch pasio chi, gan wneud iddi saethu i ffwrdd ar ongl sgwâr. Teimlad hyfryd iawn.

Bachu a thynnu

Os yw'r bêl yn glanio ar ochr arall y wiced (ochr y goes), bachwch hi o gwmpas, neu tynnwch hi fel chwaraewr pêl-fas.

Nawr, ewch ar-lein i weld pobl yn gwneud pethau gwahanol fel:

- Sgubo
- Gwrthsgubo
- Ymyl fain
- Hemio
- Dawnsio gwerin*

**dim byd i'w wneud gyda chriced ond mae'n ddoniol iawn ac yn dda i'ch gwaith traed.*

I'CH ATGOFFA *Wrth sôn am y wiced, 'ochr y goes' yw ble mae coesau'r batiwr, a'r 'ochr allan' yw ble mae'r bat.*

FFAITH FFANTASTIG

Batiwr gwrywaidd gorau'r byd ar adeg ysgrifennu'r llyfr yma yw Joe Root o Loegr, ac mae'n gwisgo'r crys 66 (fel yn Route 66 – deall? Chi'n gwybod ... y gân 'na? Na? Gofynnwch i'ch tad).

Y batiwr benywaidd gorau ar adeg ysgrifennu'r llyfr yma yw Alyssa Healy o Awstralia sy'n gwisgo'r crys 77 gan mai dyna'r agosaf mae'n gallu dod at wisgo rhif 7 David Beckham.

MAESU

Gair o gyngor – y peth cyntaf sydd angen i chi ei wneud yw dysgu'r safleoedd maesu (gweler tudalen 58).

Credwch chi fi, dydych chi ddim eisiau treulio blynyddoedd, fel awdur y llyfr 'ma, yn edrych braidd yn ddwl ar ôl cael cyfarwyddiadau maesu: er enghraifft, ar ôl cael eich anfon i'r safle Canol-llawdde Agos a chwerthin gan eich bod chi'n siŵr bod y capten yn tynnu'ch coes.* Neu gael eich anfon i'r safle Hir-draw, rhedeg 100 llath i'r cyfeiriad anghywir i'r safle Coes Fain, a phawb yn gorfod aros tra'ch bod chi'n rhedeg 'nôl i'r lle iawn.

Felly, os ydych chi'n gwybod enwau'r safleoedd, wnewch chi ddim edrych fel twpsyn ... dim nes i chi golli'ch pen a rhedeg i ffwrdd ar ôl gweld y bêl yn gwibio tuag at eich traed, ta beth. Dyma'r foment y byddwch chi'n difaru peidio ymarfer eich Sgiliau Maesu Craidd. Dyma nhw:

- Dal
- Stopio'r bêl (os na allwch chi ei dal hi, gan ei bod hi'n rhedeg ar hyd y llawr)
- Taflu (o ben draw'r byd – neu o leiaf dyna sut mae'n teimlo weithiau).

Yn ffodus, dim ond pêl sydd ei hangen arnoch chi i ymarfer maesu.

**Achos waeth i ni fod yn onest, mae'n enw reit ddwl am safle sy'n edrych yn wirion o beryglus.*

Gallwch chi ymarfer gyda ffrindiau, neu'r ci (os nad oes ffrindiau 'da chi), neu hyd yn oed yn erbyn wal (os nad oes ffrindiau na chi 'da chi – neu os yw eich ci'n dwyn peli a'u bwyta nhw fel ein ci ni).*

Awgrymiadau arbennig

- Lle y bo'n bosib, wrth ddal, gafaelwch yn y bêl â'r ddwy law a dod â hi i mewn i'ch brest. Fel hyn, byddwch chi'n llai tebygol o'i gweld hi'n popio allan o'ch dwylo.
- Pan fyddwch chi'n taflu pêl, dewiswch darged bach, dim un mawr: er enghraifft, anelwch at un stwmp yn hytrach na phob un o'r tri stwmp, neu 'i'r cyfeiriad yna, yn fras' – bydd yn helpu i'ch gwneud chi'n fwy cywir.

**Ein ci ni sy'n dwyn peli, dim ein ffrindiau – dydyn nhw ddim yn bwyta hen beli tennis, hyd y gwn i.*

- Bydd dysgu i fod yn Jedi neu unrhyw fath o fyfyrio yn eich helpu i ganolbwyntio wrth faesu'n ddwfn am oriau heb unrhyw beth i'ch diddanu heblaw'r cwmwl 'na sy'n edrych ychydig fel Mam-gu yn cario bwyell.

CADW WICED

Deifiwch i mewn i bwll nofio – i'r chwith neu i'r dde – gan geisio dal pêl sy'n cael ei thaflu atoch chi. Ffordd dda (a hwyliog) o ymarfer. Nawr, strapiwch badiau i'ch coesau, gwisgwch bâr o fenig enfawr a cheisiwch wneud yr un peth (ond heb y pwll nofio, neu fe suddwch chi fel carreg).

Mae cadw wiced yn debyg i fod yn gôl-geidwad, heblaw bod rhywun (y batiwr) yn sefyll o'ch blaen chi yn eich atal rhag gweld y bêl yn glir, a byddwch chi'n arbed hanner cant neu fwy o beli bob naw deg munud, dim pedair.

Mae angen i chi allu dal pêl, gydag adweithiau a hyblygrwydd Spider-Man, yn gwisgo mwy o badiau na Batman ... a rhaid i chi allu canolbwyntio fel un o'r chwaraewyr gwyddbwyll gorau hefyd.

Mae'n jobyn bach anodd, ydy, ond rydych chi yn ei chanol hi, a wnewch chi ddim diflasu.

Gair i gall

- Gwyliwch y bêl
- Na, wir nawr, gwyliwch y bêl
- Dewiswch eich safle'n ddoeth (yn agosach at y wiced os mai troellwr sy'n bowlio, ymhellach yn ôl ar gyfer bowliwr cyflym)
- Gwnewch yn siŵr eich bod chi'n gyfforddus ar eich cwrcwd
- Wrth i'r bêl fownsio, codwch o'ch cwrcwd a pharatoi i'w dal hi os bydd y batiwr yn ei methu.

FFAITH FFANTASTIG

Sgoriodd cyn-fatiwr Lloegr, Alec Stewart, 8,463 o rediadau prawf. Mae'r cyfanswm yma'n anhygoel oherwydd cafodd Stewart ei eni ar 8 Ebrill 1963 (h.y. 8/4/63 – jiw jiw!).

DIGWYDDODD RHYWBETH DONIOL ...

Ffeinal Cwpan y Byd ODI 2019 rhwng Seland Newydd a Lloegr oedd un o'r ffeinals agosaf yn hanes criced, ac mae wedi'i disgrifio fel un o'r ffeinals mwyaf dramatig erioed.

Batiodd Seland Newydd yn gyntaf a sgorio 241 o rediadau. Yna fe fowlion nhw'n dda iawn – roedd angen 46 o rediadau ar Loegr gydag ychydig dros bum pelawd (30 pelen) i fynd, a dim ond un batiwr da ar ôl – Ben Stokes. Yn anhygoel, cadwodd Stokes ei ben (a'i sgiliau batio, yn bwysicach fyth), a sgoriodd 31 o rediadau oddi ar bedair pelawd – sgôr dda iawn. Fodd bynnag, roedd angen 15 o rediadau ar Loegr o'r belawd olaf o hyd.

Ar ôl iddo fethu â sgorio unrhyw rediadau o'r ddwy belen gyntaf, roedd buddugoliaeth i Loegr yn dechrau teimlo fel breuddwyd gwrach. Ond yna, yn sydyn, llwyddodd i sgorio chwech anferthol, ac roedd y dorf ar bigau'r drain.

Ac felly fydden nhw am yr hanner awr nesaf.

Gyda'r bêl nesaf, dreifiodd Stokes y bêl i'r safle canol-wiced. Maesodd Guptill y bêl a'i thaflu'n ôl fel bwled at gris y batiwr wrth i Stokes ddychwelyd i gwblhau ail rediad. Roedd

Stokes yn siŵr o gael ei redeg allan, a byddai popeth ar ben. Ond, wrth i Stokes ddeifio am y cris, yn anhygoel, bownsiodd y bêl oddi ar ei fat a gwibio'r holl ffordd i'r ffin tu ôl y wiced.

Rhoddodd hyn chwe rhediad arall i Loegr.

Ond doedd hynny ddim yn ddigon, o drwch blewyn: ar ôl i filoedd o rediadau gael eu sgorio gan ddwsinau o dimau, roedd ffeinal Cwpan y Byd 2019 yn gyfartal.

Felly, bu'n rhaid chwarae Pelawd Dyngedfennol (rhywbeth nad oedd wedi digwydd mewn ffeinal Cwpan y Byd erioed o'r blaen): y tîm fyddai'n sgorio'r nifer fwyaf o rediadau mewn un belawd fyddai pencampwyr y byd.

Unwaith eto, roedd Seland Newydd yn siŵr o fynd â hi. Ar ôl iddyn nhw ddod yn gyfartal â'r 15 rhediad a sgoriwyd gan Loegr yn eu Pelawd Dyngedfennol nhw, roedd angen dau rediad arnyn nhw oddi ar eu pelen olaf i ennill. Dyna i gyd!

Yn anffodus, dim ond un lwyddon nhw i'w gael oherwydd cafodd eu batiwr, Guptill, ei redeg allan gan Jos Buttler (wrth geisio cael y rhediad buddugol), felly gorffennodd y Belawd Dyngedfennol yn gyfartal hefyd!

Enillodd Lloegr o ganlyniad i'r rheol cyfanswm ffiniau: roedden nhw wedi taro'r ffin 26 o weithiau, o gymharu â 17 Seland Newydd, ac fe gipion nhw'r Cwpan.

Cafodd Ben Stokes ei enwi'n Seren y Gêm, er mawr syndod i neb.

DYFYNIADAU DIFYR

'Mae pobl yn dweud bod criced yn gêm i unigolion, ond dydw i ddim yn cytuno o gwbl; mae popeth yn cael ei wneud mewn partneriaeth.'

– Stuart Broad, cricedwr Lloegr

DYFYNIADAU DIFYR

'Roedd e'n hardd ac roedd ei steil yn syfrdanol.'

– Y gantores Katy Perry yn sôn am gyn-gricedwr Lloegr, Geoffrey Boycott
... rhyfedd, dw i'n gwybod

GOLAU AR Y GORAU

SYR GARFIELD SOBERS

Mewn pennod sy'n dathlu'r gelfyddyd o fowlio, batio a maesu, y chwaraewr gorau i'w roi dan y golau, mae'n siŵr, yw Syr Garfield St Aubrun Sobers (am enw!), neu Syr Garry i'w fêts.

Wedi'i eni ym 1936 yn Barbados, roedd yn chwarae dros India'r Gorllewin, ac mae'n un o'r cricedwyr gorau erioed (cafodd ei bleidleisio gan banel o arbenigwyr yn un o bum Cricedwr y Ganrif Wisden) a Sobers, yn siŵr i chi, yw'r chwaraewr amryddawn gorau erioed. Dyma pam:

- Sgoriodd 8,032 o rediadau prawf (y cyntaf i sgorio dros 8,000)
- Sgoriodd 57.78 rhediad fesul batiad ar gyfartaledd (yn y pum gorau erioed)
- Cymerodd 235 o wicedi prawf gan ildio 34 o rediadau fesul wiced ar gyfartaledd – fel sêm-fowliwr a throellwr (amryddawn yng ngwir ystyr y gair!)

Ac fe ddaliodd e 109 o fatwyr allan ...

... sy'n rhoi lle iddo ymysg y goreuon mewn unrhyw restr, bron.

Y tu allan i griced prawf, sgoriodd Syr Garry 28,000 o rediadau dosbarth cyntaf a chymerodd dros 1,000 o wicedi. Anhygoel.

Ym 1968, pan oedd yn chwarae i Swydd Nottingham yn erbyn Morgannwg yn St Helen's yn Abertawe (sydd â ffin fer), fe oedd y chwaraewr cyntaf erioed i daro chwe chwech mewn un belawd. Safodd ei record o 365 o rediadau yn erbyn Pacistan am flynyddoedd lawer, tan iddi gael ei thorri gan ei gyd-wladwr, Brian Lara yn 2004.

Hefyd, mae pawb sy'n cwrdd â'r gŵr yn ei ddisgrifio fel halen y ddaear.

Ond cyn i chi ddechrau meddwl bod hyn i gyd braidd yn farus, dyw ei record ODI ddim cystal: chwaraeodd un gêm yn unig a methu â sgorio rhediad!

PENNOD 5: DYFODOL Y GÊM

Pwy sy'n chwarae, ble a sut

Ar ddechrau 2018, cyhoeddodd yr ICC (y Cyngor Criced Rhyngwladol) ffigurau a oedd yn dangos bod mwy na 1.2 biliwn o bobl ar ein planed yn chwarae criced. Mae hynny bron i deirgwaith yn fwy nag yn 2017, ac yn golygu mai criced yw'r ail gamp fwyaf poblogaidd yn y byd ar ôl pêl-droed.

Yn ôl rhai, os gall criced barhau ar yr un llwybr llwyddiannus, gallai gipio coron pêl-droed yn y 30 mlynedd nesaf. Mae'n help mai criced yw'r gamp fwyaf poblogaidd yn nwy o wledydd mwyaf poblog y byd: India a Phacistan. Hefyd, mae criced yn dod yn fwy poblogaidd yn UDA bob blwyddyn.

Ond mae hyn yn bennaf gan fod criced yn addasu: mae 'na fwy o fformatau i'r gêm a mwy o bobl o wahanol gefndiroedd a gallu amrywiol yn cael eu hannog i chwarae.

Felly beth am i ni fwrw golwg ar y gwahanol ffyrdd o chwarae?

GWAHANOL FATHAU O GRICED

Mae 'na fformatau proffesiynol a fformatau eraill sy' ddim cweit mor broffesiynol.

Fformatau Rhyngwladol
Criced Prawf
Gemau Rhyngwladol Undydd (ODIs)
ac Ugain20 (T20)
Gweler tudalen 50 am fanylion

Fformatau Proffesiynol eraill
Y Cant: 100 pêl yr un
Pelawdau Cyfyngedig: 50 pelawd yr un (fel arfer)

A dyma lle mae pethau'n mynd yn ddiddorol iawn …

Criced clwb

Mae hyd y gêm a/neu nifer y pelawdau'n cael eu penderfynu gan y ddau berson sy'n teimlo fwyaf pwysig o'r ddau dîm (fel arfer, y ddau hynaf). Yn wir, dyma'r math mwyaf poblogaidd o griced.

Criced cyhoeddi

Mae'r tîm sy'n batio'n cyhoeddi pan maen nhw'n meddwl bod ganddyn nhw ddigon o rediadau i ennill. (Dyma'r fersiwn hynaf oll o griced.)

Criced dan do

Chwech-bob-ochr yn aml, sy'n ddefnyddiol os ydych chi'n byw'n rhywle lle mae hi'n bwrw glaw yn aml, neu os yw gofod yn brin. Mae'n syndod nad yw'n fwy poblogaidd yng Ngwlad yr Iâ neu'r Hebrides.

Criced cyflym

Yn cael ei chwarae gan bobl sy' ddim yn gallu canolbwyntio am amser hir, h.y. plant bach – yn enwedig y rhai sy'n dwlu ar unrhyw beth llachar sydd wedi'i wneud o blastig. Gwych i blant bach sy'n dechrau arni.

Criced gardd

Yr un peth â chriced stryd (heblaw ei fod yn cael ei chwarae ar y stryd), criced iard gefn (gardd Americanaidd) neu griced glan môr (ie, 'na chi, ar lan y môr). Yn aml, mae pob chwaraewr yn chwarae drosto'i hunan (nid gêm tîm).

Criced Ffrengig

Dim criced yw'r gêm yma, a dweud y gwir ... ond mae'n syndod o hwyl i'w chwarae ac mae'n ddigon posib y gallwch chi berswadio'ch perthnasau oedrannus i chwarae gyda chi.

Criced cyson

Tarwch y bêl a rhedwch fel cath i gythraul, achos mae'r bowliwr yn cael bowlio eto cyn i chi gyrraedd y cris. Mae Bete-ombro ym Mrasil a La Placa neu La Plaquita yn Nominica yn gemau tebyg.

Criced tâp

Sylwodd rhywun clyfar ym Mhacistan ar hyn: os gorchuddiwch chi hanner pêl tennis â thâp, mae'r bêl yn symud o gwmpas yn yr awyr fel petai hi wedi cael ei bowlio gan fowliwr proffesiynol sydd wedi meistroli'r swing. Mae'n lot o sbort ac yn boblogaidd iawn – hyd yn oed yng Nghanada (gweler tudalen 13).

Kilikiti

Neu griced Samoaidd. Mae'n boblogaidd iawn yn Seland Newydd a Samoa. Mae'n seiliedig ar y gêm a gyflwynwyd gan genhadon Prydeinig, ond cafodd dawns a mynyddoedd o fwyd eu hychwanegu. Hefyd, gall unrhyw nifer o bobl chwarae, a does dim rheolau ysgrifenedig.

Criced Trobriand

Yn debyg i Kilikiti ond yn cael ei chwarae ar Ynysoedd Trobriand, Papua Guinea Newydd. Mae'r math hwn o griced hefyd yn seiliedig ar y gêm a gyflwynwyd gan y Prydeinwyr, ond mae wedi'i droi'n rêf. Y tîm cartref sy'n ennill bob tro, ac mae'r chwaraewyr yn gwisgo gwisgoedd rhyfel. Gwych.

Criced coes

Fel criced, ond dychmygwch eich bod chi wedi anghofio'ch bat ac felly'n dibynnu ar eich coesau.

Vigoro

Rhyw fath o gyfuniad o griced a phêl-fas. Yn cael ei chwarae gan ferched yn bennaf.

… a'n hoff gêm ni 'slawer dydd, yn sownd mewn ystafell ddosbarth am oriau maith ar ddiwrnodau heulog, braf: ***Criced Pensil!*** Gall gael ei chwarae ar gyfrifiannell hefyd, ond y ffordd gyntaf yw'r gorau yn ein barn ni. Mae'n ffordd hawdd iawn o ddifyrru'ch hun ar drên neu unrhyw le diflas (y cyfan sydd ei angen arnoch yw arwyneb fflat i rolio pensil, a darn o bapur) – gofynnwch i unrhyw oedolyn chwilio am y rheolau ar-lein.

AMRYWIAETH

Gyda mwy a mwy o wledydd yn dechrau chwarae criced, a mwy o bobl o bob cefndir yn chwarae i dimau ym mhedwar ban byd, mae 'na fersiwn o'r gêm sy'n addas i'r rhan fwyaf o bobl erbyn hyn. Er enghraifft:

Criced dall

Cafodd y gêm hon ei dyfeisio ym Melbourne, Awstralia, amser maith yn ôl (wel, ym 1922) gan ddau weithiwr ffatri dall, sy'n golygu ei bod hi'n un o'r gemau anabledd hynaf oll, mae'n siŵr. Gwnaethon nhw ddefnyddio tun llawn cerrig i allu clywed y bêl – athrylithgar!

Mae'r bêl yn fwy o faint, ac felly hefyd y stympiau. Hefyd, mae peli bach metel y tu mewn i'r bêl sy'n gwneud sŵn, ac mae'r stympiau bob amser yn llachar iawn i bobl sy'n rhannol ddall. Mae batwyr sy'n hollol ddall yn cael dau gyfle i fwrw'r bêl i'w gwneud hi'n haws, ac mae'n rhaid i'r bowliwr weiddi 'Pêl!' wrth ryddhau'r bêl.

Ac eraill i gadw llygad amdanyn nhw:

- Criced cadair olwyn
- Criced cerdded
- Criced anabledd corfforol

CRICEDWR GWYCH DY'CH CHI HEB GLYWED AMDANO

Mae'n ddigon posib mai'r Sais Sydney Barnes (1873-1967) sydd â'r ystadegau bowlio gorau erioed mewn gemau prawf. Dim ond 27 gêm Brawf y chwaraeodd ynddyn nhw, ond cymerodd 189 o wicedi ar gyfartaledd o 16.43 rhediad fesul wiced – rhyfeddol!

Roedd ei yrfa dosbarth cyntaf bron cystal – ildiodd gyfartaledd o ychydig dros 17 rhediad fesul wiced, gan gipio 719 o wicedi mewn dim ond 133 o gemau.

YSBRYD TRAGWYDDOL CRICED

Mae criced yn golygu llawer mwy na thaflu, dal neu fwrw pêl – fyddai'r gamp ddim hanner mor boblogaidd fel arall. Fel pob un o'r campau gorau, mae'r holl stwff o gwmpas y chwarae yr un mor bwysig – y pethau sy'n gwneud y gêm yn hwyl ac ychydig yn wahanol (wel, gwahanol iawn) i unrhyw gamp arall.

Stwff fel dysgu i fowlio pêl fel roced â chywirdeb perffaith, ei waldio i ebargofiant, neu ddeifio i'w dal.

Stwff fel gwneud ffrindiau gwych, a gwneud pethau gwych gyda'ch gilydd.

Stwff fel dysgu bod rhai rheolau'n rheolau go iawn a rheolau eraill yn ymwneud â chwarae teg a'r peth iawn i'w wneud, sy' ddim mewn unrhyw lyfr rheolau, ond sy'n dal i fod yn bwysig.

Heb anghofio'r stwff fydd yn aros gyda ni am byth os chwaraewn ni'n ddigon hir: te blasus (gyda hufen a darn o gacen, gobeithio); yr awyr las berffaith 'na pan mae amser yn arafu a'r gêm yn teimlo fel breuddwyd; arogl porfa newydd ei thorri; cymeradwyaeth ysgafn y dorf; a'r teimlad 'na o gamu i'r cae yn gwybod y gall unrhyw beth ddigwydd ...

FFAITH FFANTASTIG

Mae sgôr o 87 yn anlwcus i chwaraewyr a chefnogwyr Awstralia. Maen nhw'n ei alw'n Rhif y Diafol (wrth sibrwd yn ofnus) oherwydd mai 100 tynnu 87 yw 13.

Yn aml, mae sgôr o 111 mewn criced yn cael ei alw'n Nelson. Mae hyn oherwydd y Llyngesydd Nelson, a dreuliodd ei yrfa'n ymladd ar y môr, gan golli darnau o'i gorff yn raddol ym mhob ymosodiad. Ar ddiwedd ei oes, dim ond un llygad, un fraich ac un goes oedd ganddo (un, un, un neu 111).

Nodyn: Dyw hyn ddim yn wir – roedd gan y Llyngesydd Nelson ei ddwy goes pan fu farw.

DYFYNIADAU DIFYR

'Dim tegan yw'r bat, ond arf.'

– Virat Kohli, 'Brenin' criced India

GOLAU AR Y GORAU

SYR DONALD BRADMAN (AWSTRALIA)

Er ei fod yn un o'r chwaraewyr cynnar, mae Don Bradman (Syr Donald i chi a fi) bron bob amser ar frig y rhestr pan mae pobl yn enwi eu deg chwaraewr gorau erioed.

Yn ŵr tawel nad oedd yn or-hoff o'i enwogrwydd (ac roedd e'n enwog iawn, iawn) roedd Bradman, fel llawer o'r chwaraewyr gorau, yn gadael i'w fat wneud y siarad.

Yn rhyfeddol, dim ond chwe chwech sgoriodd Bradman yn ei yrfa Brawf gyfan, gyrfa a barodd ychydig dros 20 mlynedd rhwng 1927 a 1948, gyda saib ar gyfer yr Ail Ryfel Byd. Fodd bynnag, yn y cyfnod hwnnw sgoriodd y nifer fwyaf erioed o rediadau mewn un diwrnod (300); y nifer fwyaf o rediadau mewn cyfres Brawf; y nifer fwyaf o sgôrs 200+ mewn cyfres Brawf; y nifer fwyaf o sgôrs 100+ mewn gemau olynol; a fe oedd y chwaraewr cyflymaf erioed i gyrraedd (daliwch eich gwynt ...) 1,000 o rediadau, yna 2,000 o rediadau, yna 3,000, 4,000, 5,000 a 6,000 o rediadau prawf!

Yn ei gêm olaf erioed, yn erbyn Lloegr yng Nghyfres y Lludw ym 1948, roedd ei gyfartaledd batio yn fwy na 101 o rediadau. Yn drist iawn, er mai dim ond pedwar rhediad oedd eu hangen arno i gadw ei gyfartaledd dros 100, cafodd ei redeg allan heb sgorio'r un rhediad, gan orffen ar gyfartaledd o 99.94 –0.06 yn fyr o 100!

Yn ôl y sôn, dim ond gan fod dagrau'n llenwi ei lygaid y cafodd ei redeg allan yn ddi-sgôr.

Fodd bynnag, gyda chyfartaledd o 99 neu 100, does dim amheuaeth mai Bradman yw'r batiwr mwyaf llwyddiannus erioed – 66 y cant yn well nag Adam Voges, sy'n ail yn y cyfartaleddau batio. Gallwn ddweud bron yn sicr nad oes yr un gamp arall lle mae'r chwaraewr sydd ar frig y tabl cymaint yn well na'r un sydd yn ail.

Roedd gorfod dewis a dethol o blith yr holl gricedwyr gwych sydd wedi ein diddanu dros y ganrif a hanner ddiwethaf yn un o'r pethau anoddaf dw i wedi ei wneud erioed wrth gael fy nghlymu i'r ddesg ym Mhencadlys Campau Campus. Yn y pen draw, dewisais ugain o'm ffefrynnau a dewis rhai allan o het. Os nad ydw i wedi cynnwys chwaraewr ddylai fod 'na yn eich barn chi, maddeuwch i mi ... yna ewch allan i brynu lot o gopïau o *Criced Cyffrous* fel y gall y fersiwn nesaf fod ddwywaith mor drwchus a rhoi sylw i ddwywaith cymaint o chwaraewyr chwedlonol! Neu anfonwch eich awgrymiadau atom ni ar gyfer ein gwefan!

Yn y cyfamser, mae'n siŵr y cewch chi lawer o hwyl (ac y dysgwch chi lawer o bethau diddorol hefyd) yn chwilio am hanesion rhai o'r chwaraewyr isod a allai fod wedi cael eu cynnwys, sydd i gyd ymysg mawrion y gêm:

- Wasim Akram
- Curtly Ambrose
- Ian Botham
- Sophie Ecclestone
- Charlotte Edwards
- Jhulan Goswami
- Syr Richard Hadlee
- Shabnim Ismail
- Simon Jones
- Imran Khan
- Brian Lara
- Matthew Maynard
- Muttiah Muralitharan
- Ricky Ponting
- Viv Richards
- Joe Root
- Kumar Sangakkara
- Somjeet Singh
- Dale Steyn

YSTADEGAU YSBLENNYDD

10 ENILLYDD DIWETHAF CWPAN Y BYD (A'R RHAI DDAETH YN AIL)

Bl.	Enillwyr	Sgôr	Ail safle
1982	Awstralia	152/7 (59 pelawd) ennill o 3 wiced	Lloegr 151/5 (60 pelawd)
1988	Awstralia	129/2 (44.5 pelawd) ennill o 8 wiced	Lloegr 127/7 (60 pelawd)
1993	Lloegr	195/5 (60 pelawd) ennill o 67 rhediad	Seland Newydd 128 (55.1 pelawd)
1997	Awstralia	165/5 (47.4 pelawd) ennill o 5 wiced	Seland Newydd 164 (49.3 pelawd)
2000	Seland Newydd	184 (48.4 pelawd) ennill o 4 rhediad	Awstralia 180 (49.1 pelawd)
2005	Awstralia	215/4 (50 pelawd)	India 117 (46 pelawd)
2009	Lloegr	167/6 (46.1 pelawd) ennill o 4 wiced	Seland Newydd 166 (47.2 pelawd)
2013	Awstralia	259/7 (50 pelawd) ennill o 114 rhediad	India'r Gorllewin 145 (43.1 pelawd)
2017	Lloegr	228/7 (50 pelawd) ennill o 9 rhediad	India 219 (48.4 pelawd)
2022	Awstralia	356/5 (50 pelawd) ennill o 71 rhediad	Lloegr 285 (43.4 pelawd)

ENILLWYR PEMCAPWRIAETH SIROEDD Y DU

Bl.	Enillwyr	Ail safle
2009	Caint	Sussex
2010	Sussex	Caint
2011	Caint	Sussex
2012	Caint	Essex
2013	Sussex	Swydd Efrog
2014	Caint	Surrey
2015	Swydd Efrog	Caint
2016	Caint	Sussex
2017	Swydd Gaerhirfryn	Swydd Efrog
2018	Hampshire	Swydd Efrog
2019	Caint	Swydd Efrog

YSTADEGAU YSBLENNYDD

Ym 1958, y gricedwraig o Awstralia, Betty Wilson, oedd y chwaraewr cyntaf erioed i gymryd 10 wiced a sgorio dros gant o rediadau yn yr un gêm Brawf.

CWPAN Y BYD T20 MERCHED ICC

Bl.	Enillwyr	Canlyniad	Ail safle
2009	Lloegr	86/4 (mewn 17 pelawd) ennill o 6 wiced	Seland Newydd 85 (mewn 20 pelawd)
2010	Awstralia	106/8 (mewn 20 pelawd) ennill o 3 rhediad	Seland Newydd 103/6 (mewn 20 pelawd)
2012	Awstralia	142/4 (mewn 20 pelawd) ennill o 4 rhediad	Lloegr 138/9 (mewn 20 pelawd)
2014	Awstralia	106/4 (mewn 15 pelawd) ennill o 6 wiced	Lloegr 105/8 (mewn 20 pelawd)
2016	India'r Gorllewin	149/2 (mewn 19 pelawd) ennill o 8 wiced	Awstralia 148/5 (mewn 20 pelawd)
2018	Awstralia	106/2 (mewn 15.1 pelawd) ennill o 8 wiced	Lloegr 105 (mewn 19.4 pelawd)
2020	Awstralia	184/4 (mewn 20 pelawd) ennill o 85 rhediad	India 99 (mewn 19.1 pelawd)
2023	Awstralia	156/6 (mewn 20 pelawd) ennill o 19 rhediad	De Affrica (mewn 16.3 pelawd)

LLUDW'R MERCHED

Cyfres	Bl.	Canlyniad	Gemau Prawf	Awstralia	Lloegr	Cyfartal
19	2013	Lloegr	1	0	0	1
20	2013–14	Awstralia	1	0	1	0
21	2015	Lloegr	1	1	0	0
22	2017–18	Awstralia	1	0	0	1
23	2019	Lloegr	1	0	0	1
24	2021–22	Awstralia	1	0	0	1

CYFARTALEDD BATIO GYRFA UCHAF GEMAU PRAWF MERCHED

Chwaraewr	Gyrfa	Gemau	Sgôr Uchaf	Cyfart-aledd	100	50	0
D.A. Annetts (AWS)	1987–1992	10	193	81.90	2	6	0
E.A. Perry (AWS)	2008–2022	10	213	75.20	2	3	0
L. Hill (AWS)	1975–1977	7	118	62.37	1	2	0
E. Bakewell (LLO)	1968–1979	12	124	59.88	4	7	0
B.J. Haggett (AWS)	1987–1992	10	144	58.61	2	4	0
B.R. Wilson (AWS)	1948–1958	11	127	57.46	3	3	0
K.L. Rolton (AWS)	1995–2009	14	209	55.66	2	5	3
D.A. Hockley (SN)	1979–1996	19	126	52.04	4	7	1
S. Agarwal (IND)	1984–1995	13	190	50.45	4	4	1
H. Kala (IND)	1999–2006	7	110	50.30	2	3	1

TABL BOWLIO ODI Y MERCHED 2022

Chwaraewr	Gyrfa	Wicedi
J. Goswami (IND)	2002–2022	252
S. Ismail (DA)	2007–2022	191
C.L. Fitzpatrick (AWS)	1993–2007	180
A. Mohammed (IG)	2003–2022	180
K.H. Brunt (LLO)	2005–2022	170
E.A. Perry (AWS)	2007–2022	161
S.R. Taylor (IG)	2008–2022	152
Sana Mir (PAC)	2005–2019	151

FFAITH FFRAETH

Dim ond mewn un o'r Gemau Olympaidd mae criced wedi'i chwarae. Digwyddodd hyn ym 1900, a dim ond dwy wlad ddaeth â thimau: Prydain Fawr a Ffrainc. Dyw'r Ffrancwyr ddim yn gricedwyr brwd – hyd yn oed criced Ffrengig (gweler tudalen 97), felly dyw hi ddim yn syndod eu bod nhw wedi cael crasfa, cweir go iawn, gan sgorio dim ond 23 o rediadau yn eu hail fatiad. Gan mai Ffrainc ddyfeisiodd y Gemau Olympaidd modern, falle mai dyma pam fod criced heb gael ei chwarae ar ôl hynny!

10 ENILLYDD DIWETHAF CWPAN Y BYD (A'R RHAI DDAETH YN AIL)

Bl.	Enillwyr	Sgôr	Ail safle
1983	India	183 pawb mas (55 pelawd) ennill o 43 rhediad	India'r Gorllewin 140 pawb mas (52 pelawd)
1987	Awstralia	253/5 (50 pelawd) ennill o 7 rhediad	Lloegr 246/8 (50 pelawd)
1992	Pacistan	249/6 (50 pelawd) ennill o 22 rhediad	Lloegr 227 pawb mas (49.2 pelawd)
1996	Sri Lanka	245/3 (46.2 pelawd) ennill o 7 wiced	Awstralia 241/7 (50 pelawd)
1999	Awstralia	133/2 (20.1 pelawd) ennill o 8 wiced	Pacistan 132 pawb mas (39 pelawd)
2003	Awstralia	359/2 (50 pelawd) ennill o 125 rhediad	India 234 pawb mas (39.2 pelawd)
2007	Awstralia	281/4 (38 pelawd) ennill o 53 rhediad	Sri Lanka 215/8 (36 pelawd)
2011	India	277/4 (48.2 pelawd) ennill o 6 wiced	Sri Lanka 274/6 (50 pelawd)
2015	Awstralia	186/3 (33.1 pelawd) ennill o 7 wiced	Seland Newydd 183 pawb mas (45 pelawd)
2019	Lloegr	241 pawb mas (50 pelawd) Penderfynu'r gêm: ennill o 9 pedwar	Seland Newydd 241/8 (50 pelawd)

FFAITH FFANTASTIG

Yn 2018, gwnaeth yr Albanwyr arwrol, sydd ddim yn adnabyddus am eu criced dosbarth cyntaf rhyngwladol, drechu Lloegr o chwe rhediad mewn Gêm Ryngwladol Undydd yng Nghaeredin. Hwn hefyd oedd sgôr ODI uchaf erioed yr Alban.

ENILLWYR PENCAMPWRIAETH SIROEDD Y DU

Bl.	Enillwyr	Ail safle
2010	Swydd Nottingham	Gwlad yr Haf
2011	Swydd Gaerhirfryn	Swydd Warwick
2012	Swydd Warwick	Gwlad yr Haf
2013	Durham	Swydd Efrog
2014	Swydd Efrog	Swydd Warwick
2015	Swydd Efrog	Middlesex
2016	Middlesex	Gwlad yr Haf
2017	Essex	Swydd Gaerhirfryn
2018	Surrey	Gwlad yr Haf
2019	Essex	Gwlad yr Haf
2020	*Heb gynnal oherwydd COVID-19*	
2021	Swydd Warwick	Swydd Gaerhirfryn

YSTADEGAU YSBLENNYDD

Yn yr oes fodern, A. B. de Villiers o Dde Affrica sydd â'r record am y cant ODI cyflymaf. Cyrhaeddodd 100 o rediadau oddi ar ddim ond 31 pelen yn erbyn India'r Gorllewin yn Johannesburg yn 2015. Roedd ganddo fws i'w ddal, siŵr o fod.

T20

Mae Cwpan y Byd T20 yr ICC yn cael ei gynnal bob dwy flynedd. Fodd bynnag, oherwydd pandemig COVID-19 a rhywfaint o ailstrwythuro, chafodd Cwpan y Byd T20 ddim ei gynnal am bum mlynedd. I gywiro hyn, cynhaliwyd dau Gwpan y Byd T20 mewn dwy flynedd (2021 a 2022).

Bl.	Enillwyr	Canlyniad	Ail safle
2007	India	5 rhediad	Pacistan
2009	Pacistan	8 wiced	Sri Lanka
2010	Lloegr	7 wiced	Awstralia
2012	India'r Gorllewin	36 rhediad	Sri Lanka
2014	Sri Lanka	6 wiced	India
2016	India'r Gorllewin	4 wiced	Lloegr
2021	Awstralia	8 wiced	Seland Newydd
2022	Lloegr	5 wiced	Pacistan

Y LLUDW

Blwyddyn	Enillwyr	Canlyniad
2005	Lloegr	2-1 (5)
2006/07	Awstralia	5-0 (5)
2009	Lloegr	2-1 (5)
2010/11	Lloegr	3-1 (5)
2013	Lloegr	3-0 (5)
2013/14	Awstralia	5-0 (5)
2015	Lloegr	3-2 (5)
2017/18	Awstralia	4-0 (5)
2019	cyfartal	2-2 (5)
2021/22	Awstralia	4-0 (5)
2023	cyfartal	2-2 (5)

UWCH-GYNGHRAIR INDIA (IPL)

Bl.	Enillwyr	Canlyniad	Ail safle
2011	Chennai Super Kings	58 rhediad	Royal Challengers Bangalore
2012	Kolkata Knight Riders	5 wiced	Chennai Super Kings
2013	Mumbai Indians	23 rhediad	Chennai Super Kings
2014	Kolkata Knight Riders	3 wiced	Kings XI Punjab
2015	Mumbai Indians	41 rhediad	Chennai Super Kings
2016	Sunrisers Hyderabad	8 rhediad	Royal Challengers Bangalore
2017	Mumbai Indians	1 rhediad	Rising Pune Supergiant
2018	Chennai Super Kings	8 wiced	Sunrisers Hyderabad
2019	Mumbai Indians	1 rhediad	Chennai Super Kings
2020	Mumbai Indians	5 wiced	Delhi Capitals
2021	Chennai Super Kings	27 rhediad	Kolkata Knight Riders
2022	Gujarat Titans	7 wiced	Rajasthan Royals

CWPAN ASIA

Bl.	Fformat	Enillwyr	Ail safle
1995	ODI	India	Sri Lanka
1997	ODI	Sri Lanka	India
2000	ODI	Pacistan	Sri Lanka
2004	ODI	Sri Lanka	India
2008	ODI	Sri Lanka	India
2010	ODI	India	Sri Lanka
2012	ODI	Pacistan	Bangladesh
2014	ODI	Sri Lanka	Pacistan
2016	T20	India	Bangladesh
2018	ODI	India	Bangladesh

10 UCHAF – SGORWYR RHEDIADAU PRAWF

Batiwr	Rhed-iadau	Gemau	Bat-iadau	Cyfar-taledd	Sgôr uchaf
Sachin Tendulkar (India)	15,921	200	329	53.79	248
Ricky Ponting (Awstralia)	13,378	168	287	51.85	257
Jacques Kallis (De Affrica)	13,289	166	280	55.37	224
Rahul Dravid (India)	13,288	164	286	52.31	270
Alastair Cook (Lloegr)	12,472	161	291	45.35	294
Kumar Sangakkara (Sri Lanka)	12,400	134	233	57.41	319
Brian Lara (India'r Gorllewin)	11,953	131	232	52.89	400
Shivnarine Chanderpaul (India'r Gorllewin)	11,867	164	280	51.37	203
Mahela Jayawardene (Sri Lanka)	11,814	149	252	49.85	374
Allan Border (Awstralia)	11,174	156	265	50.56	205

DYFYNIADAU DIFYR

'Roedd ganddo fe'r edrychiad 'ma yn ei lygaid. Mae chwaraewyr chwedlonol fel 'na mor benderfynol.'

– Geraint Jones yn sôn am ei brofiad yn cadw wiced pan sgoriodd Brian Lara ei record byd o 400 o rediadau yn erbyn Lloegr yn 2004

10 UCHAF – BOWLWYR GEMAU PRAWF

Chwaraewr	Gyrfa	Gemau	Batiadau	Peli	Rhediadau	Wicedi
M. Muralitharan (ICC/SL)	1992–2010	133	230	44039	18180	800
S.K. Warne (AWS)	1992–2007	145	273	40705	17995	708
J.M. Anderson (LLO)	2003–2022	175	325	37505	17491	667
A. Kumble (INDIA)	1990–2008	132	236	40850	18355	619
S.C.J. Broad (LLO)	2007–2022	159	293	31982	15720	566
G.D. McGrath (AWS)	1993–2007	124	243	29248	12186	563
C.A. Walsh (IG)	1984–2001	132	242	30019	12688	519
R. Ashwin (INDIA)	2011–2022	86	162	23089	10666	442
D.W. Steyn (DA)	2004–2019	93	171	18608	10077	439
N.M. Lyon (AWS)	2011–2022	110	207	28583	14047	438

FFAITH FFANTASTIG

Er bod 31 o wledydd yn chwarae criced ar y llwyfan rhyngwladol, dim ond 12 sydd wedi ennill statws prawf. Y gwledydd cyntaf i gael y statws oedd Awstralia a Lloegr (1877) a'r diweddaraf oedd Affganistan (2018).

10 UCHAF – DALWYR GEMAU PRAWF (HEB GYNNWYS WICEDWYR)

Chwaraewr	Gyrfa	Gemau	Daliadau
R. Dravid (ICC/INDIA)	1996–2012	164	210
D.P.M.D. Jayawardene (SL)	1997–2014	149	205
J.H. Kallis (ICC/DA)	1995–2013	166	200
R.T. Ponting (AWS)	1995–2012	168	196
M.E. Waugh (AWS)	1991–2002	128	181
A.N. Cook (LLO)	2006–2018	161	175
S.P. Fleming (SN)	1994–2008	111	171
G.C. Smith (ICC/DA)	2002–2014	117	169
B.C. Lara (ICC/IG)	1990–2006	131	164
J.E. Root (LLO)	2012–2022	124	164

GEIRIAU ALLWEDDOL A'U HYSTYRON

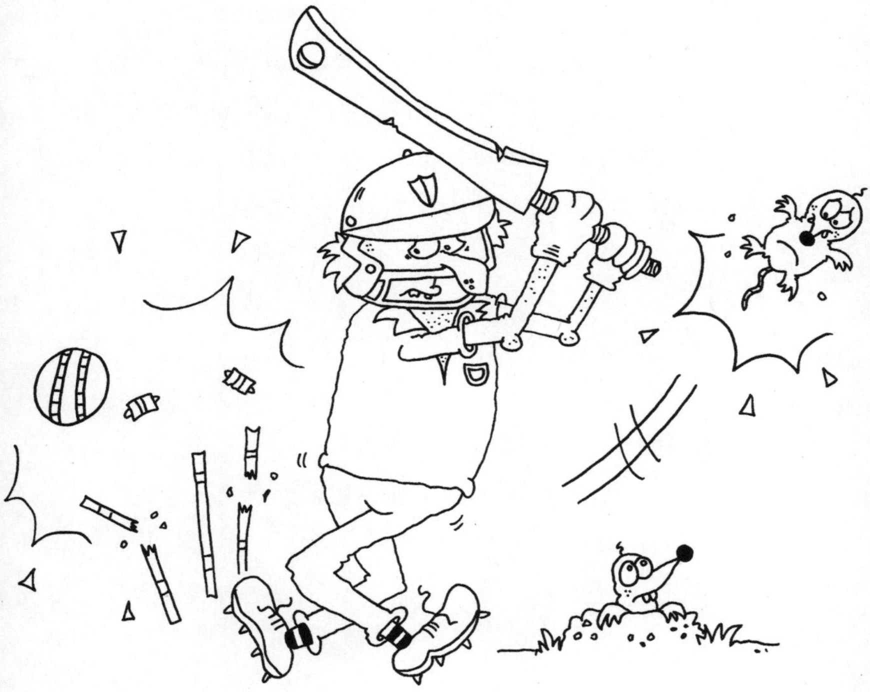

All-droelli

Mae pêl sy'n all-droelli yn glanio ar yr ochr allan ac yn symud i ochr y goes ('bys-droelli' yw'r enw arall am hyn).

Allan
Mae sawl ffordd o fod allan: cael eich bowlio, cael eich dal, wicedi'n cael eu bwrw gan bêl neu fatiwr, CFW (coes o flaen wiced), stympio, rhedeg allan o amser, rhwystro (gan gynnwys cyffwrdd y bêl â'r llaw), bwrw pêl ddwywaith a chael eich rhedeg allan. Mae cael eich anafu hefyd yn cyfri (ymddeol – mewn neu allan, yn dibynnu ar y sefyllfa) yn ogystal â chael eich cipio gan estroniaid, cael eich cario i ffwrdd gan angylion, cael eich bwyta gan lew.

Batiad
Tro chwaraewr, neu dîm, i fatio.

Batio ymlaen
Pan mae batiwr yn bwrw'r bêl ond mae'r bêl – yn drist iawn – yn bwrw'r stympiau. Mas â chi!

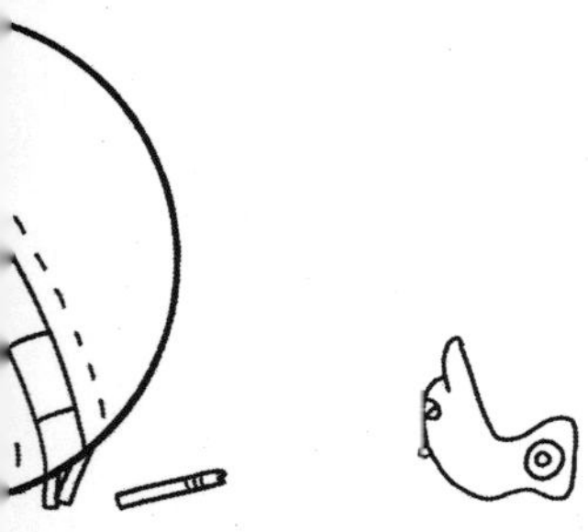

Batwyr olaf
Chwaraewyr sy'n dod i mewn tua diwedd batiad gan eu bod nhw'n fowlwyr gwell. Dydyn nhw ddim yn fatwyr da iawn fel arfer, felly dydyn nhw ddim yn dueddol o bara'n hir iawn. Heblaw pan maen nhw, wrth gwrs.

Bei / pêl heibio
Pêl dyw'r wicedwr ddim yn gallu ei dal ac sy'n galluogi'r tîm sy'n batio i gymryd rhediad. Os y daw hi oddi ar goes y batiwr, 'bei i'r goes' yw'r enw.

Bîmar
Pêl sy' ddim yn bownsio ac sy'n saethu'n syth at ben y batiwr. Peryglus.

Bosie
Enw Awstralaidd am y gwgli. Y dyfeisiwr B. J. T. Bosanquet feddyliodd am yr enw.

Bowlio at y corff, neu 'theori'r goes'
Tacteg lle mae'r bowliwr yn anelu at y batiwr yn hytrach na'r wiced. Mae hyn nawr yn anghyfreithlon.

Bowlwyr ling-di-long
Bowlwyr lled-gyflym sy'n dda am stopio rhediadau rhag cael eu sgorio.

Bownsar
Pêl sy'n cael ei bowlio'n fyr ac sy'n bownsio i fyny at frest neu ben y batiwr.

Bunsen
Cae sy'n dda i fowlwyr araf. O'r slang odli Cocni, 'Bunsen Burner = turner'.

Bwni
Chwaraewr sy'n cael ei redeg allan yn rheolaidd gan un bowliwr penodol.

Cant
Sgorio 100 o rediadau, yn amlwg.

Cario'ch bat
Batiwr agoriadol sy'n llwyddo i aros i mewn, pan mae pob un o'i gydchwaraewyr allan.

Catiau
Y darnau bach o bren sy'n eistedd ar ben y stympiau. Gyda'i gilydd, dyma'r wiced.

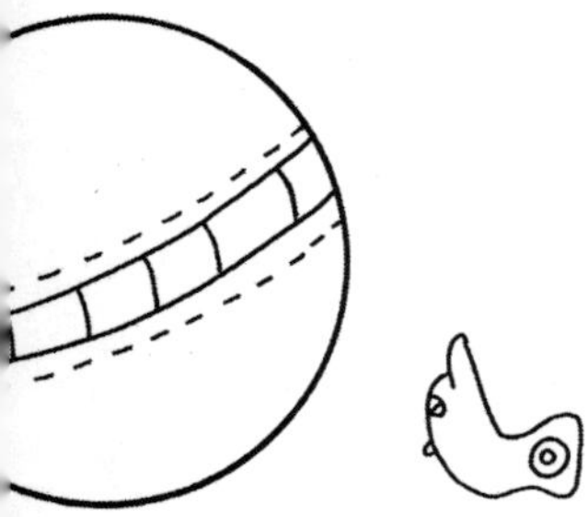

Cega

Pan fydd dau chwaraewr (fel arfer y bowliwr a'r batiwr) yn sarhau ei gilydd am yn ail. Mae'n debyg i Ryfel Rapio, ond dyw'r dyfarnwr ddim yn bît-bocsio.

Cerdded

Pan mae batiwr yn dweud ei fod allan ac yn cerdded i'r pafiliwn, hyd yn oed pan nad yw'r dyfarnwr wedi dweud ei fod allan. Eto, mae'n dangos pa mor deg yw criced a chricedwyr o'r siort orau.

Gwnaeth Adam Gilchrist hyn yn erbyn Sri Lanka yn rownd gynderfynol Cwpan y Byd 2003, a gwnaeth Mike Atherton yr un peth (wel, bron) yn Trent Bridge ym 1998, ar 98 o rediadau yn erbyn De Affrica.

CFW, coes o flaen wiced

Mae'r batiwr allan pan mae pêl sydd wedi'i hanelu at y wiced yn cael ei stopio gan ei gorff, fel arfer ei goesau.

Cledrad

Bwrw'r bêl mor galed â phosib heb unrhyw steil – weithiau'n gweithio, weithiau ddim – ond mae'n deimlad braf iawn. Gweler hefyd: hergwd, clecio, colbio, hemio, pelto, waldio.

Codwr
Pêl sy'n bownsio i fyny'n annisgwyl.

Coridor ansicrwydd
Y llinell fain sydd ychydig y tu allan i stwmp pellaf y batiwr lle nad yw'n siŵr a ddylai adael neu chwarae'r bêl.

Cornel y fuwch
Safle maesu sydd â'i wreiddiau yng Ngholeg Dulwich, yn ôl y sôn. Allwch chi ddyfalu beth oedd yng nghornel eu cae criced?

Cris
Y llinell ar y llain ger y wicedi. Mae'n rhaid i'r batiwr groesi'r llinell hon i sgorio rhediad.

Cwrso rhediadau
Yn digwydd yn aml ym mhedwerydd batiad gêm
Brawf neu ddosbarth cyntaf, pan mae'r ddau
dîm yn cytuno ar gyfanswm sydd
ei angen ar y tîm sy'n batio
i ennill. Cyffrous.

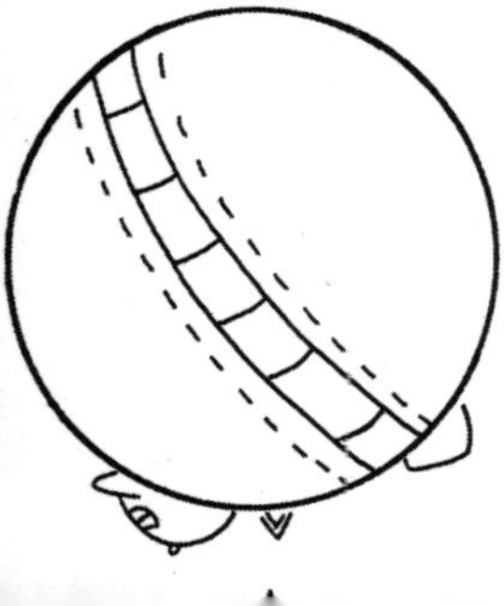

Cyfartaledd batio

Y nifer gyfartalog o rediadau mae batiwr wedi'u sgorio fesul batiad dros ei yrfa.

Cyfradd cynildeb

Y nifer gyfartalog o rediadau mae bowliwr wedi eu hildio i'r gwrthwynebwyr fesul pelawd.

Chwaraewr amryddawn

Unrhyw chwaraewr sy'n gallu batio a bowlio'n dda.

Chwech

Ergyd sy'n mynd dros y ffin heb fownsio.

Deuddegfed dyn/menyw

Eilydd maesu'r tîm (sydd hefyd yn dod â diodydd/ trîts i'r gweddill). Os bydd angen iddo/iddi chwarae, bydd yn cael maesu yn unrhyw le, ond ni fydd yn cael batio na bowlio.

Dim

Cael eich rhedeg allan heb sgorio.

Doli

Daliad hawdd.

Doosra
Gair Hindi neu Wrdw sy'n golygu 'ail' (neu 'arall'). Dyma fersiwn yr all-droellwr o'r gwgli.

Garddio
Pan mae'r batiwr yn cymryd saib i drwsio'r llain gyda'i fat.

Gwgli
Coes-droellwr â thwist! Mae'n troelli tuag at chwaraewyr llaw dde, neu i ffwrdd o chwaraewyr llaw chwith.

Gwrthsgubiad
Does dim ergyd fwy cŵl na hon – os gwnewch chi jobyn da ohoni, ta beth (ychydig fel y gic siswrn mewn pêl-droed). Os gwnewch chi smonach o bethau, bydd pobl yn siŵr o chwerthin dan eu dannedd. Chwiliwch am enghreifftiau ar-lein.

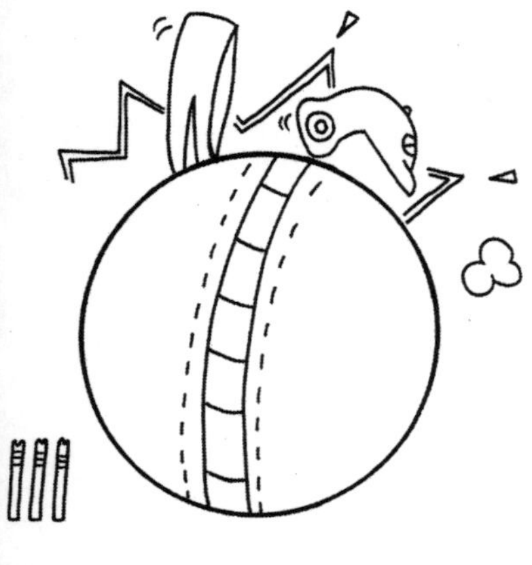

Hyd da

Yr hyd perffaith i fowliwr, sy'n gwneud i'r batiwr chwarae'n amddiffynnol.

Jaffa

Pelen dyw'r batiwr ddim yn gallu ymdopi â hi o gwbl – dyna pa mor dda yw hi.

Lolipop

Pêl hawdd iawn i'w tharo am chwech.

Llain, hefyd 'wiced'

Petryal fflat yng nghanol y cae (22 llath neu 20.1 m o hyd) lle mae'r bowlio a'r batio yn digwydd.

Manhattan

Graff bar o'r rhediadau sy'n cael eu sgorio yn ystod pelawd. Gall edrych yn union fel nendyrau Manhattan. Oni bai ei bod hi'n 'belawd wag', wrth gwrs.

Mankad

Pan mae'r bowliwr yn esgus bowlio ond, yn hytrach, yn rhedeg yr ail fatiwr allan drwy sgubo'r catiau oddi ar y stympiau. Fel arfer, mae'r bowliwr yn gwneud hyn i rybuddio'r batiwr i beidio â gadael ei gris cyn i'r bêl gael ei bowlio. Enghraifft dda o chwarae teg.

MCC

Clwb Criced Marylebone, yng nghae criced Lord's yn Llundain.

Meddiannu'r cris

Pan mae batiwr yn batio am oesoedd heb sgorio rhediadau. Mae'n aml yn gorffen gyda gêm gyfartal.

Nyrdlo

Pan mae'r batiwr yn gwthio'r bêl i'r bylchau rhwng y maeswyr, mae'n 'nyrdlo'.

Ochr allan

Hanner y cae sydd o flaen y batiwr pan mae'n wynebu'r bowliwr.

Pâr y brenin

Allan gyda'r belen gyntaf, heb sgorio dim, yn y ddau fatiad. Fe ddylech chi fod wedi mynd i siopa yn lle chwarae.

Pedantig

Rhywun sy'n poeni gormod am reolau a diffiniadau yn lle mwynhau a pheidio poeni gormod am wneud camgymeriadau. Maen nhw fel arfer yn casáu pobl yn dweud, 'Dim ond gêm yw hi.' Neu, 'Dyw hi ddim yn ddiwedd y byd. Ymlacia, achan!'

Pedwar

Ergyd sy'n cyrraedd y ffin ar ôl bwrw'r ddaear.

Pêl adlam

Pêl sy'n cael ei tharo'n syth i mewn i'r ddaear ac yna'n cael ei dal gan faeswr. Mae'n edrych fel daliad, ond nid dyna'r achos.

Pêl farw

Ni all unrhyw rediadau gael eu sgorio na wicedi gael eu cymryd oddi ar bêl farw.

Pêl lydan

Pêl sy'n bownsio'n rhy bell o'r batiwr i'w tharo. Bydd y dyfarnwr yn ymestyn ei freichiau i'r ochr, a bydd rhediad ychwanegol yn cael ei ychwanegu i'r cyfanswm. A bydd yn rhaid bowlio'r bêl eto.

Pêl newydd
Mae'r tîm sy'n bowlio yn cael pêl newydd bob 80 pelawd. Mae fel arfer yn arwain at fwy o rediadau a wicedi.

Pêl ofer
Pêl anghyfreithlon pan mae'r bowliwr yn rhoi ei droed dros y cris (llinell). Mae'r tîm sy'n batio yn cael rhediad ychwanegol. Gall batiwr daro pêl ofer o hyd, a dim ond drwy gael ei 'redeg allan' y gall gael ei hel ymaith.

Pelawd
Bowlio chwe phêl. Mae gan wahanol fersiynau o griced nifer wahanol o belawdau. Er enghraifft, mewn Gêm Ryngwladol Undydd, mae 50 pelawd o chwarae i'r ddau dîm.

Pelawd wag
Yr enw am belawd lle does dim rhediadau o gwbl yn cael eu sgorio.

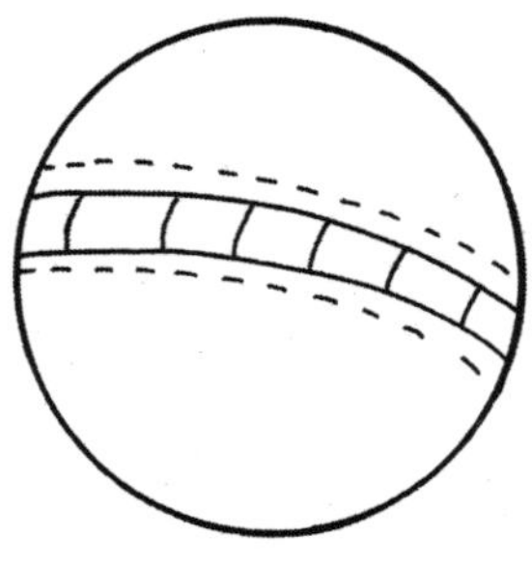

Pelen lawn
Pêl sy'n cyrraedd y batiwr heb fownsio; ddim yn beth da fel arfer achos mae'n hawdd i'w tharo.

Peltar
Cae sy'n dda i fatwyr ond ddim i fowlwyr.

Plwm
Pan does dim amheuaeth fod y batiwr yn CFW. Ry'n ni'n gwybod, mae'r dyfarnwr yn gwybod, mae'r batiwr yn gwybod.

Rhediadau ychwanegol
Rhediadau ychwanegol sy'n cael eu rhoi i dîm oherwydd peli ofer, peli pell, beis a beis i'r goes.

Rhedwr
Weithiau dyw'r batiwr ddim yn gallu rhedeg rhwng y wicedi (oherwydd anaf, gan amlaf). Os yw hyn yn digwydd, mae rheolau criced yn caniatáu i drydydd chwaraewr (ychydig fel y person styntiau mewn ffilm) redeg ar ei ran.

Rhwystro
Pan mae'r batiwr yn blocio (neu'n tynnu sylw) maeswr. Peidiwch â gwneud hyn, da chi.

Sbin o'r goes
Bowlio peli sy'n glanio ar ochr y goes ac yn troelli i'r ochr allan.

Sbonc hir
Pêl sy'n glanio'n fyr ac yn bownsio i fyny'n araf ac yn hongian yn yr awyr. Hawdd iawn i'w tharo.

Sengl
Un rhediad yn cael ei sgorio gan y batiwr drwy redeg unwaith rhwng y wicedi.

Tunnell
Gair arall am gant (100 o rediadau gan un batiwr mewn un batiad).

Tyrchwr
Pêl sy' ddim yn bownsio rhyw lawer – mae'n anodd iawn i'w tharo.

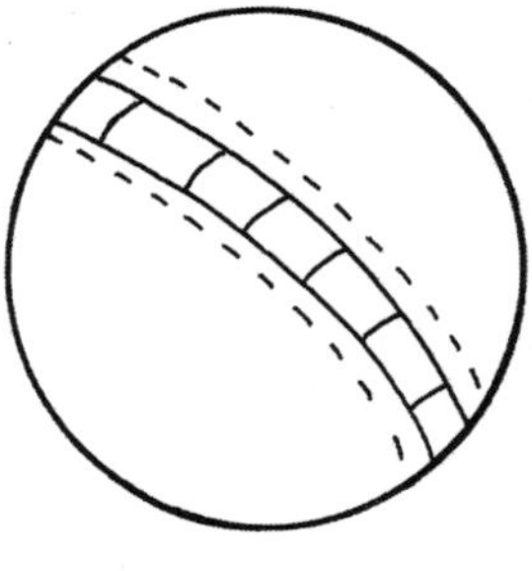

Wiced

Reit ... iawn ... gall wiced gael ei ddefnyddio i ddisgrifio

- y 22 llath/20.1 m rhwng y stympiau
- y stympiau gyda'i gilydd (gan gynnwys y catiau)
- y weithred o fwrw'r stympiau hyn (a chael batiwr allan – hynny yw, 'Fe ges i wiced!')
- ac – yn hurt bost – y weithred o beidio â bod allan (e.e. 'Jones a Morgan ar 180 am yr ail wiced').

Wiced anodd

Os yw hi wedi bod yn bwrw glaw a'r llain yn wlyb, fe allech chi ddweud ei bod hi'n 'wiced anodd'. Er mai dywediad o'r byd criced yw hwn, mae oedolion wedi'i fachu ac yn ei ddefnyddio i ddisgrifio unrhyw sefyllfa anodd yn y byd go iawn, y tu allan i griced.

Wisden

Yn ôl rhai, y llyfr chwaraeon gorau erioed (ar ôl yr un yma, yn amlwg). Am y 158 mlynedd diwethaf, mae Wisden wedi bod yn rhestru'r holl ffeithiau a ffigurau y gallech eu dychmygu am griced, a llawer mwy ar ben hynny.

Ymyrryd â'r bêl

Newid y bêl drwy grafu neu dorri'r wyneb, hollti sêm y bêl, neu roi sylweddau eraill arni heblaw chwys neu boer. Anghyfreithlon!

GEIRFA

CYMRAEG	SAESNEG
All-droelli	*Off break/spin*
Allfaes	*Outfield*
Anfon ymaith	*Dismiss*
Batiad	*Innings*
Batiwr Agoriadol	*Opener*
Batwyr olaf	*Tail-ender*
Bei/pêl heibio	*Bye*
Bîmar	*Beamer*
Blaen-ergyd amddiffynnol	*Forward defensive*
Bowlio at y corff, neu 'theori'r goes'	*Body line, or leg theory*
Bowliwr Cyflym	*Fast / Pace Bowler*
Bowliwr Lled-gyflym	*Medium Pace Bowler*
Bowlwyr ling-di-long	*Dibbly-dobbly bowlers*
Bownsar	*Bouncer*
Brig y Rhestr Fatio	*Top Order*
Bwni	*Bunny*
Canol y Rhestr Fatio	*Middle Order*
Catiau	*Bails*
Cega	*Sledging*
CFW, coes o flaen wiced	*LBW, leg before wicket*
Cledrad	*Slog*
Codwr	*Lifter*
Coes-droelli	*Leg spin*
Cris	*Crease*
Cwrso rhediadau	*Run-chase*

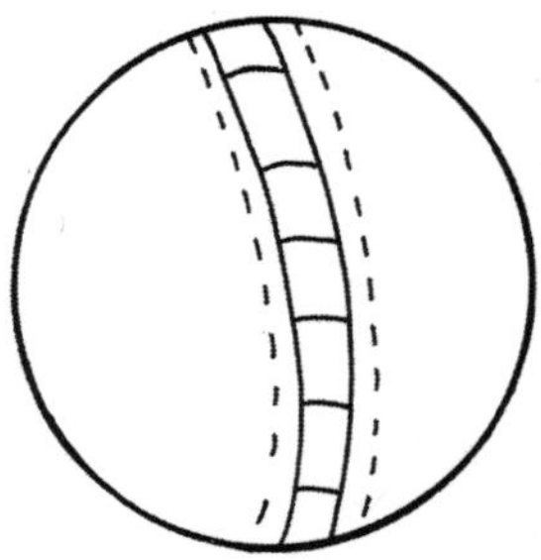

Cyfartaledd batio	*Batting average*
Cyfradd cynildeb	*Economy rate*
Chwaraewr amryddawn	*All-rounder*
Deuddegfed dyn/menyw	*Twelfth man/woman*
Dim	*Duck*
Ffin	*Boundary*
Gwaelod y Rhestr Fatio	*Lower Order*
Gwrthsgubiad	*Reverse sweep*
Gwyliwr Nos	*Nightwatchman*
Lolipop	*Lollipop*
Llain	*Pitch*
Maeswr	*Fielder*
Meddiannu'r cris	*Occupy the crease*
Nyrdlo	*Nurdle*
Ochr allan	*Off side*
Ôl-ergyd amddiffynnol	*Back defensive*
Pâr y brenin	*King's pair*
Pêl adlam	*Bump ball*
Pêl lydan	*Wide*
Pêl ofer	*No ball*
Pelawd	*Over*
Pelawd wag	*Maiden over*
Peltar	*Belter*
Rhedeg i fyny	*Run-up*
Rhediadau ychwanegol	*Extras*
Rhwystro	*Obstruction*
Sbin o'r goes	*Leg spin*
Sbonc hir	*Long hop*
Troellwr	*Spin Bowler*
Tunnell	*Ton*
Tyrchwr	*Grubber*
Wiced	*Wicket*
Wiced anodd	*Sticky wicket*
Wicedwr	*Wicket Keeper*
Ymyrryd â'r bêl	*Ball tampering*

TEITLAU ERAILL YN Y GYFRES

CAMPAU CAMPUS

PÊL-DROED PENIGAMP

OEDDET TI'N GWYBOD?

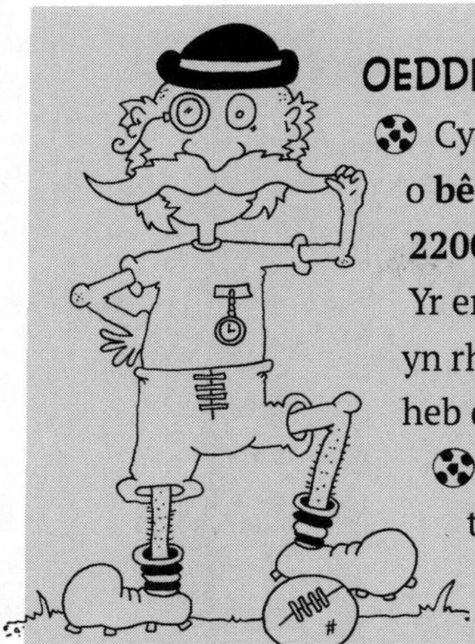

- Cychwynnodd y ffurf gynharaf o **bêl-droed** yn **Tsieina** dros **2200** o flynyddoedd yn ôl. Yr enw arno oedd Cuju ac roedd yn rhaid cicio'r bêl mewn i rwyd heb ddefnyddio dwylo.
- Mewn gwirionedd mae tystiolaeth i gael fod pêl-droed yn cael ei chwarae mewn sawl man drwy'r byd. Yn **1586** daeth **fforiwr o Loegr** o'r enw John Davis o hyd i lwyth **Inuit** (pobl frodorol **Yr Ynys Las** neu Greenland) oedd yn chwarae'r gêm, rhoddodd orchymyn i'w long aros ac ymunodd yn y gêm.
- Cafodd rheolau modern pêl-droed eu creu gan **blant ysgol o Loegr** yn y **19^{eg} ganrif.**
- Dydy pêl-droed ddim wastad wedi bod mor **boblogaidd** â hynny. Cafodd ei wahardd mewn llawer o wledydd – doedd dim hawl chwarae pêl-droed yn swyddogol yn yr **Alban** hyd nes **1906.**
- Heb os, pêl-droed yw'r gêm fwyaf poblogaidd yn y **byd**. Yn ôl **FIFA**, mae dros **250 miliwn o bobl** yn chwarae mewn 200 gwlad gyda thros **3.5 biliwn o gefnogwyr** – hanner poblogaeth y byd, bron â bod!

RYGBI RHEMPUS

Rhagair a thips proffesiynol gan Conrad Smith,
cyn-chwaraewr y Crysau Duon ac
enillydd dau Gwpan y Byd

OEDDECH CHI'N GWYBOD?

- Dyfeisiwyd rygbi pan gododd Webb Ellis y bêl yn ystod gêm bêl-droed a rhedeg gyda hi? (Twyllo, wnaeth e, i bob pwrpas).
- Dyfeisiwyd pêl-fasged gan hyfforddwr rygbi a oedd eisiau gêm dan do i gadw ei chwaraewyr yn heini rhwng tymhorau.
- Mae rygbi yn cael ei chwarae mewn 119 o wledydd, gyda dros 400 miliwn o ffans.

CAMPAU CAMPUS

WWW.STUPENDOUSSPORTS.COM

Y LLE I BLANT SYDD WEDI GWIRIONI AR CHWARAEON!

- NEWYDDION CHWARAEON I BLANT
- YMWELIADAU AWDURON LLYFRAU
- CARTWNAU
- STRAEON DONIOL
- LAWRLWYTHIADAU SAIN A FIDEOS
- NEWYDDION AM DDIGWYDDIADAU

CLWB CEFNOGWYR CAMPAU CAMPUS!

Cadwch lygad barcud am gynigion arbennig ar lyfrau wedi'u harwyddo, citiau chwaraeon, nwyddau (teganau, sticeri, peniau – pob math o bethau!) a thocynnau i ddigwyddiadau chwaraeon!

DIOLCHIADAU

Ni all un person gymryd y clod am lyfr cyfan – fel gyda'r holl bethau gorau mewn bywyd (gan gynnwys criced), mae'n ymdrech tîm. Fyddwn i ddim wedi gallu rhoi llyfr criced hanner cystal i chi heb yr anhygoel Matt Cherry a'i luniau, sy'n fwy anhygoel fyth.

Dw i hefyd yn anhygoel o ddiolchgar i Charlie Homewood, Penny Thomas a phawb yn Firefly Press am gywiro fy sillafu, gwirio fy ffeithiau a chwerthin yn yr holl lefydd iawn.

A nodyn cyflym am y ffeithiau: er ein bod ni wedi gwirio'r rheolau, ystadegau a ffeithiau'n ofalus, mae criced yn gêm gymhleth: mae rheolau'n newid, mae 'na ddadlau ynghylch ffeithiau, ac mae recordiau'n cael eu torri drwy'r amser. Os oes unrhyw beth yn anghywir neu wedi newid ers i'r llyfr gael ei ysgrifennu, arna' i mae'r bai. Mae'r llyfr hwn yn ymwneud ag ysbryd criced yn fwy na dim ac – fel yn achos y gêm osgeiddig a hudolus ei hun – gallai fod gwallau a diffygion, ond mae ei galon yn y lle iawn, gobeithio.

FFLICIWCH 'NÔL
DRWY'R TUDALENNAU
OLAF I WYLIO'R BOI
'MA YN CHWARAE
CRICED!